Johann Wilhelm Christian Steiner

Fünf historische Aufsätze zur Feier eines 60 jährigen Staatsdienstjubiläums zu Darmstadt

28. Juli 1868

Johann Wilhelm Christian Steiner

Fünf historische Aufsätze zur Feier eines 60 jährigen Staatsdienstjubiläums zu Darmstadt
28. Juli 1868

ISBN/EAN: 9783743443594

Hergestellt in Europa, USA, Kanada, Australien, Japan

Cover: Foto ©ninafisch / pixelio.de

Manufactured and distributed by brebook publishing software (www.brebook.com)

Johann Wilhelm Christian Steiner

Fünf historische Aufsätze zur Feier eines 60 jährigen Staatsdienstjubiläums zu Darmstadt

Fünf historische Aufsätze

zur Feier

eines 60jährigen Staatsdienst-Jubiläums

zu Darmstadt am 28. Juli 1868

von

Hofrath Dr. jur. et philos. Steiner,

Historiographen des großh. hess. Hauses und des Großherzogthums, Ritter erster Klasse des großh. hess. Philippsordens, Inhaber der k. k. österreichischen, k. preußischen, k. schwedischen, k. bayerischen, herzoglich nassauischen goldnen Verdienstmedaillen für Wissenschaft und Kunst, Mitglied der k. Akademie der Wissenschaften zu München ec.

Mit einer Biographie des Jubilars.

Darmstadt 1868.

Auf Kosten und im Verlage des Verfassers.

Rittsteiner'sche Buchdruckerei in Hanau.

Dem

Großherzoglich Hessischen

Hohen Regentenhause

und

Seinem treuen Volke

widmet diese Schrift

mit allen Segenswünschen in treuer Liebe

der Jubilar.

Freundeswunsch und Hoffnung
für den Jubilar beim Herannahen des Tags (28. Juli 1868) seines 60jährigen Staatsdienst-Jubiläums.

Wer dem Berufe lebt,
Mit Ernst und ganzer Kraft
Nach einem Ziele strebt
Im Reich der Wissenschaft,
Erfährt, daß in dem Schooß
Langjähriger Wirksamkeit
Liegt das verdiente Loos
Gerechten Lohns bereit.

K..r..

Inhaltsverzeichniß.

I. Die Biographie des Jubilars . . . . . Seite 1.
II. Das Grabdenkmal der Landgräfin Caroline von Hessen-Darmstadt im Schloßgarten daselbst . . „ 77.
III. König Friedrich Wilhelm III. von Preußen und seine Gemahlin Louise v. P. auf einer Promenade im Schloßgarten zu Darmstadt . . . . . „ 85.
IV. Eisernhand, achtzehn Oertlichkeiten dieser Benennung, ein Beitrag zur Lehre des Systems der römischen Wehren . . . . „ 89.
V. Die Principes und die Centeni Comites in den altdeutschen Gerichten nach Tacitus Germ. c. XII . „ 97.
VI. Zur Geschichte des Großherzoglichen Residenzschlosses zu Darmstadt . . . . . . „ 103.

Zusätze, Verbesserungen, Druckfehler.

S. 3, Z. 13 v. u. Als den Ausgangspunkt der in oben bemerkten Kategorien ununterbrochen wirksam, bis jetzt nach kräftig durchlebten 60jährigen staatsdienstlichen Laufbahn des Jubilars, theilen wir das darauf bezügliche interessante großh. Decret des höchst. Ludewigs I. vom 28. Juli 1808 hier mit: Ludewig von Gottes Gnaden Großherzog von Hessen, Herzog in Westphalen. Nachdem Wir dem Candidato Juris Christian Wilhelm Steiner dahier auf sein unterthänigstes Nachsuchen und rücksichtlich der ihm beigelegten guten Zeugnisse den Access bei dem Secretariate Unseres hiesigen Hofgerichts kraft dieses gnädigst bewilligt und ertheilt haben, so ist sich darnach unterthänigst zu achten und derselbe nach erfolgter Verpflichtung zu sothanen Access zu admittiren. Urkundlich Unserer eigenhändigen Unterschrift und des hierauf gedruckten Staatssiegels Darmstadt, den 28. Juli 1808.
L u d e w i g.
Coulmann, Geheimer Referendair.
Die Richtigkeit der Abschrift beglaubigt Darmstadt, den 25. März 1866.
Hoffmann, Gr. Oberrechnungs-Registrator,

S. 7, Z. 4 v. o. st. dem Ministerium des Innern und der Justiz l. dem Ministerium des Innern.

S. 24, Z. 18 bis 30, siehe über des Jubilars Codex inscript. hier eine für die Besitzer dieses Werkes interessante Besprechung und Abwehr mit Zeugnissen.

S. 26, Z. 5. und 6 st. zubereitenden l. zuzubereitenden Arbeit.

S. 26, Z. 10 v. u. st. Leichtler l. Leichtlen.

S. 26, Z. 11 v. u. st. Sachen l. v. Sacken.

S. 26, Z. 8 hinzuzusetzen Rossel.

S. 29, Z. 9 und 10 v. u. bei der Stelle Geheimer Hofrath Dr. Feder bezüglich auf den Codex inscript. st. „Ihre von so großartigen als in kleinen musterhaft emsigen Forschungen" l. „Ihre eben so großartigen als im Kleinen musterhaft emsigen Forschungen."

S. 89, Z. 2 v. u. st. Arbeitsmitwirkung l. Arbeitsentwickelung.

I.
Ein 60jähriges Staatsdienst-Jubiläum.

Die Biographie des Jubilars, welche im Jahre 1858 aus Anlaß seines damals gefeierten 50jährigen Dienst- und Schriftsteller-Jubiläums erschienen ist, wurde der hier vorliegenden, auf sein 60jähriges Dienst- und Schriftsteller-Jubiläum verfaßten, zu Grunde gelegt und daran die nur theilweise (im allgemeinen Hinblicke auf die Resultate einer 60jährigen schriftstellerischen Wirksamkeit) erforderliche Umarbeitung ihres Inhalts geknüpft, sodann insbesondere eine Vermehrung desselben gegeben, worin über die fortgesetzte dienstliche Thätigkeit des Jubilars von 1858 bis 1868 berichtet wurde.

Johann Wilhelm Christian Steiner wurde am 15. Februar 1785 zu Roßdorf bei Darmstadt geboren. Seine damals daselbst wohnenden Eltern waren der Landgräflich Hess. Darmstädtische Steuerperäquator Ludwig Jacob Steiner (geb. 1753, † zu Darmstadt 1823) und dessen Gattin Philippine (geb. 1752, † zu Darmstadt 1810), Tochter des Landgräflich Hess. Darmstädtischen Zeugmeisters Ernst Lichthammer zu Kranichstein bei Darmstadt.*) Den ersten Unterricht erhielt St. bei Präceptor

---

*) Diese theuren Eltern, welche auf des Jubilars Jugendbildung und künftigen Lebensberuf durch unermüdliche Sorge und treue Anwendung ihrer Kräfte den wohlthätigsten Einfluß hatten und in dankbarem liebevollen Andenken desselben stets fortleben, sind auf dem alten Friedhofe zu Darmstadt beerdigt, wo jetzt leider in profanirender Weise über ihre und andere dem Auge entschwundenen Gräber, Garten- und Parkanlagen hinziehen; daselbst sind auch St. Schwager, Hofmusikus Otto, seine Oheime Inspector Lichthammer und Oberforst-Director Lichthammer, Polizeirath Klunk, beerdigt. St. einzige

Heberer zu Roßdorf, nachher ein Jahr lang bei Pfarrer Heumüller zu Reinheim, in dessen Hause er verpflegt wurde. Von da kam er, 10 Jahre alt, unter der ihm unvergeßlichen liebevollen und treuen Aufsicht seines Oheims mütterlicher Seits, des Stadtpfarrers, nachherigen Inspectors Lichthammer,*) so wie seines Pathen, des Polizeiraths Klunk zu Darmstadt in die Schule des Candidaten Vogel daselbst (starb i. J. 1839 als Pfarrer und Inspector zu Dudenhofen bei Seligenstadt). Zur Zeit als St's. Eltern ihren Wohnsitz nach Darmstadt verlegt hatten, trat er, 11 Jahre alt, als Alumnus der vierten Classe in das Gymnasium daselbst ein, welches er bis Selecta aufsteigend, acht Jahre lang besucht hatte. Seine Lehrer waren hier: Portmann, Stork, Schüler, Weber, Beauclair, Wagner, Satorius, G. Zimmermann und Wenk. Den Confirmationsunterricht erhielt er 1799 bei dem durch seine Schulstiftung zu Darmstadt hochverdienten und in gesegnetem Andenken stehenden ersten evangelischen Stadtpfarrer Kyritz, dessen Lehren, Warnungen und Bitten, nach den Begriffen und Gefühlen der Jugend auf seine des Lehrers eigenthümlich prophetische Unterrichtsweise für das ihrer wartende wechselvolle Leben so rührend und wahr dargestellt, auf St's. Jugendherz einen tiefen, für alle Zeit wohlthätigen und in allen späteren Verhältnissen seines Lebens einen ihn stets stärkenden Eindruck gemacht haben.

Schwester, Hofmusikus Otto Wor., ist auf dem neuen Friedhofe zu Darmstadt, von den oben bemerkten 9 verstorbenen Kindern St. sind 5 auf dem Friedhofe zu Seligenstadt, 1 auf dem alten Friedhofe zu Darmstadt, 2 auf dem neuen und 1 auf dem alten Friedhofe zu Klein-Krotzenburg beerdigt.

*) Ein anderer Oheim mütterlicher Seits war der damals zu Kranichstein wohnende Zeugmeister Lichthammer, später Director des Oberforstcollegs zu Darmstadt. Die Erinnerungen an das von ihm oft besuchte stille und anmuthige Kranichstein, den Geburtsort seiner Mutter, welche aus den Zeiten des im dortigen Jagdschlosse residirenden Landgrafen Ludwig VIII. so viel Interessantes zu erzählen wußte, und an die Angehörigen seines genannten Oheims und des dort wohnenden Forstmeisters Bechstatt gehören nach St's. Aufzeichnungen zu den schönsten seines Jugendlebens, während er bereits in die oberste Classe des Gymnasiums vorgerückt war.

Vom Herbste 1804 bis dahin 1807 studirte St. zu Gießen die Rechtswissenschaft und hörte daselbst die Vorlesungen der Professoren Jaup (Vater), Büchner (in dessen Hause er eine freundliche Aufnahme fand), Snell, Koch, Musaeus, Crôme, v. Grolmann, v. Arens. Im Sommersemester 1807 frequentirte er mit den Studiosen Hallwachs, v. Günterod und Miltenberg mit großem Nutzen ein Examinatorium über die Pandekten bei dem Privatdocenten Dr. Jaup, nachherigen Großherzoglich Hess. Staatsminister, jetzigen Oberconsistorial-Präsidenten und wirklichen Geheimenrathe (Jubilarius seit 1855) zu Darmstadt, sodann ein Privatcolleg für schriftliche Arbeiten in den Fächern streitiger und freiwilliger Gerichtsbarkeit bei Dr. v. Arens, später Ober-Appell.-Präsident und Jubilarius seit 1855. Alle diese mit der fleißigen Hand des Letzteren schriftlich corrigirten und oft ausführlich notaminirten Arbeiten hat St. in seinen Papieren mit dankbarem Andenken an ihn sorgfältig aufbewahrt. Unter denselben befinden sich als Beweis seines Strebens, vorzüglich mit Principien und Systemen vertraut zu werden, viele mit emsigem Nachdenken ausgearbeitete Uebersichten und Versuche über bessere Definitionen, wozu ihm die neueren Ansichten und geläuterten Lehrsätze v. Grolmann's, Jaup's und v. Arens' Anregung gaben.

Nach dem im Herbste 1807 bestandenen Facultäts- und darauf im Frühjahre 1808 erfolgten Regierungs-Examen wurde St. laut Decret Sr. K. H. Ludewigs I. vom 28. Juli 1808 zum Accessisten bei dem Secretariate des Hofgerichts zu Darmstadt ernannt und ein Jahr nachher, während welchem er zur Führung des Protokolls an das Ministerium des Innern und der Justiz auf 6 Monate committirt ward, unter die Zahl der Advocaten und Procuratoren bei genanntem Gerichtshofe (Decret vom 16. September 1809), sowie später unter die der öffentlichen Notarien des Großherzogthums (Decret vom 24. März 1812) aufgenommen.

Beim Aufrufe der Freiwilligen zum Kampfe für das Vaterland im Jahre 1813 befand er sich unter den hierzu sich Anmeldenden, wurde aber auf den Wunsch des Generallieutenants Frhrn. v. Weyhers, ihn bei der Landwehr als Adjutant verwendet zu sehen, mit der ihm vom Oberkriegscolleg zugesicherten Aussicht auf Anstellung bei der demnächst zu errichtenden Feldlandwehr vorderhand als Adjutant des Landwehr-Inspecteurs zu Seligenstadt (Oberforstmeisters Freiherrn v. Rabenau) angestellt (Decret vom 6. Mai 1814) und ihm dabei gestattet, von hier aus seine Advocaturgeschäfte führen zu dürfen. Nach dem Befehle des Großherzogs sollte die Landwehr auf den möglichst hohen Grad der Ausbildung gebracht werden, und es fehlte damals hierzu weder an Eifer im Volke, noch an Mitteln unter demselben. Die Begeisterung jener Zeit that hierbei Vieles und die Pflicht, dem ernsten Rufe des Regenten zu folgen, welcher sich zum obersten Chef des Instituts erklärt und den Regimentern Fahnen verleihen zu wollen in Aussicht gestellt hatte. St. widmete sich daher anfangs in der obengenannten Dienstleigenschaft, in welcher er mit den Organisationsarbeiten vielfach beschäftigt und beauftragt ward, später als Chef des 2. Bataillons 12. Regiments (Decret vom 20. März 1816) und seit 1819 als Interims-Commandeur des Schützencorps dieses Regiments (Rescript vom 18. Februar 1819) unter dem Befehle des Regiments-Chefs Hardy (Justizamtmann zu Seligenstadt, später Regierungsrath zu Darmstadt) dem Waffendienste im Erlernen und Lehren mit großem Eifer und so gutem Erfolge, daß sein Bataillon nach Bewaffnung, Kleidung und Exercitium den besten des Landes beigezählt wurde, ein Vorzug, welchen man auch dem ersten Bataillon dieses Regiments, dessen Chef der Großherzogl. Steuercommissär Becker zu Steinheim war, zuerkannte.*) Um die Ausbildung der Landwehr,

---

*) Bei gegenwärtiger Einführung der Landwehr in modificirter Weise unserer Neuzeit mögen hier aus des Jubilars Erlebnissen folgende Notizen stehen und von Interesse sein. Ludwig I. trug als oberster Chef bei festlichen Gelegenheiten auch die Uniform der Landwehr. Diese bestand bei den Gemeinen in blauem Frack mit Nummerknöpfen, rothem Kragen und Aermelaufschlag für Starkenburg, blau für Oberhessen, gelb für Westphalen, blauen weiten Beinkleidern mit schwarzen Gamaschen und Czako, schwarzem Lederzeug für Patrontasche und Säbel im Kreuz über die Schultern. Die Offiziere trugen, nach ihrem Range abgetheilt, goldene Epauletten, gelbe Schleifsäbel (später Degen), Hüte (später Czakos). Die Darmstädter Landwehroffiziere mußten nach einem vorgeschriebenen Turnus auf der sonntägigen Militärparade erscheinen. Stabsoffiziere und Haupt-

beren britte Classe balb nach der erſten Organiſation entlaſſen und ſeitdem nur noch zwei Claſſen eingeübt wurden, größerer Vollkommenheit zuzuführen, hatte man im Jahre 1818 höchſten Orts den Plan entworfen, nur die erſte Claſſe — Leute vom 17. bis 36. Jahre nach mancherlei Modificationen ihrer Familien-Verhältniſſe, beizubehalten und größere Bataillonsbezirke zu organiſiren, für welchen Fall St. das Commando eines Bataillons der hieraus zu bildenden Mobillandwehr erhalten ſollte. Zeitverhältniſſe und veränderte Anſichten geboten indeſſen ſpäterhin nicht allein die Unausführbarkeit dieſes neuen Planes, ſondern auch die Auflöſung des ganzen bisherigen Inſtitutes (im Jahre 1819. *)

leute wurden bei beſonderen Gelegenheiten zur Großherzogl. Hoftafel befohlen. Jubilar hatte in ſeiner Eigenſchaft als Bataillons-Chef in mehrmals gnädigſt befohlenen Audienzen dem höchſtſeligen Großherzoge ſeine tiefſte Ehrfurcht zu bezeigen das Glück.

*) Aus einem Schreiben des Großh. Generallieutenants und Bevollmächtigten bei der Bundes-Militär-Commiſſion von Weyhers an Hofrath Steiner. „d. d. Frankfurt den 16. Novbr. 1833. Unendlich freut mich die Erinnerung, welche E. H. mir noch aus der früheren Inſtitution der Landwehr bewahrt haben und auch ich vergeſſe nicht, daß Sie damals mit Talent und Eifer in der Reihe der verdienſtvollen Stabsoffiziere eingezeichnet waren. Nicht ohne reges Dankgefühl denke ich noch, wie durch die Anſtrengung und die Geſchicklichkeit ſo vieler Staatsbeamten damals die ſchwierige Aufgabe, ſelbſt nach dem Anerkennen im Auslande ſo glücklich gelöſt wurde, und gewiß mit den Mobificationen, welche bereits ſanktionirt waren, wäre dieſer Inſtitution um ſo mehr Dauer zu wünſchen geweſen, als dieſelbe in reinem monarchlichen Sinne gedacht, ausgeführt und von demſelben belebt war. Sie haben die indeſſen durchlebte Zeit ſehr benutzt, um gleiche und noch größere dankbare Auszeichnung bei allen Verehrern der Geſchichtswiſſenſchaften, vorzüglich des Vaterlandes ſich durch Ihre intereſſanten Forſchungen zu erwerben ꝛc."

Aus einem Reſcript Geh. Oberkriegs-Collegs an das General-Commando Starkenburg, d. d. 7. April 1819, „den ausgezeichneten Eifer und die gute Dienſtleiſtung des Bataillons-Chefs Steiner erkennt man ſehr an.

Zeugniß des General-Commandos. Nachdem durch das allerh. Edict vom 20. Nov. d. J. das bisher beſtandene Großh. Landwehr-Inſtitut aufgelöſt worden, wird dem in der Eigenſchaft als Batailllonschef angeſtellt geweſenen Hofgerichts-Advocaten Herrn Steiner

Zur Zeit der Organisation der Landgerichte im Jahr 1821 befand sich St. auf dem Scheidewege der Wahl, entweder die durch Annahme einer ihm in Aussicht gestellten Assessorstelle offenstehende Laufbahn eines Gerichtsbeamten zu betreten, in welchem Falle er allen damals in seinem Plane liegenden Geschichtsarbeiten, (wovon im zweiten Abschnitte) hätte entsagen müssen, oder unter fernerer Beibehaltung seiner Advocatur für dieses Vorhaben freie Zeit zu gewinnen. Die Entscheidung fiel um so mehr auf die Wagschale der letzteren Rücksicht, als ihm von Seiten des Großh. Hess. Staatsministers von Grolmann, seines früheren verehrten Universitätslehrers, rücksichtlich seiner bisherigen literarischen Leistungen Aussichten auf eine diesem inneren Berufswirken geeignete Verwendung eröffnet wurden.*) Was man damals gewünscht, ging, nachdem St. von Sr. K. Hoh. Ludewig I. den Titel Hofrath erhalten hatte, (Decret vom 28. October 1825) in der Art in erfreuliche Erfüllung, daß er nach dem Tode des Prälaten, Professor und Historiographen Dr. Schmidt zu Gießen, von Sr. Kgl. Hoheit Ludwig II. unter Beibehaltung seiner Advocatur zum Historiographen des Groh. Hauses und Landes (ein Titel, den zum ersten Male der berühmte Hessische Geschichtsschreiber Wenk führte und welcher aus den Zeiten des

---

auf Ersuchen das Zeugniß ertheilt, daß er sich unausgesetzt durch guten Willen und durch strenge Erfüllung aller Landwehr-Dienstpflichten vortheilhaft ausgezeichnet hat. Darmstadt, den 29. Decbr 1819. Grh. General-Commando Starkenburg. Frhr. v. Follenius, General-Major.

*) Aus einem Schreiben vom 15. October 1821. Das neue Werk war mir ein höchst erfreulicher Beweis, mit welchem Eifer und Fleiß Sie fortfahren, für die gründliche Bearbeitung der vaterländischen Geschichte zu wirken. — „Ich würde selbst es als einen Gewinn für die Wissenschaft betrachten, wenn Sie dereinst in Dienstverhältnisse kommen könnten, welche Ihnen Muse für Ihr Lieblingsstudium gestatten. Leider sind aber solche Verhältnisse schwer aufzufinden, wenn nicht gerade bei dem Archive Anstellungen offen werden." — In einem späteren Schreiben vom 22. Januar 1828, „die geschichtlichen Forschungen E. W. sind von so großem Interesse, daß die gelehrte Welt es sehr zu beklagen haben würde, wenn ein zu occupirtes Staatsamt Sie abhalten müßte, sich denselben ferner zu widmen.

Landgrafen Ludwigs IX. batirt) *) ernannt wurde. (Decret vom 1. December 1831), in Folge dessen er, nach der besonderen selbstständigen Kategorie seines Amtes, dem Ministerium der Justiz und des Innern unmittelbar subordinirt und den Directionen des Staatsarchivs, der Hofbibliothek und des Museums coordinirt (Staatshandbuch nach den Ausgaben von 1831 bis 1867) folgende Dienstesberechtigungen erhielt: freien Zutritt zum Staatsarchiv und zur Hofbibliothek, Postfreiheit in landesgeschichtlichen Correspondenzen innerhalb des Großherzogthums, Einreihung in den Rang der zur dritten Classe gehörigen Civilbeamten (Directoren des Staatsarchivs, der Hofbibliothek, des Museums, Professoren, Mittelcollegialräthe, Landräthe, Landrichter ꝛc.) des Civil-Wittwen- und Waisenkasse-Instituts (Verordnung vom 9. December 1831 und Ministerial-Rescript an die Civil-Wittwenkasse-Commission vom 22. Febr. 1832). Im Jahr 1843 legte er seine Advocatur nieder und erhielt die gebetene Entlassung aus dieser Branche des öffentlichen Dienstes (Decret vom 7. April 1843). Die Veranlassung zu diesem Schritte war: Bei der Vermehrung seiner historischen Arbeiten im Sinne der in obiger Note angeführten beiden Schreiben (vom 15. Octbr. 1821 und 22. Januar 1825) des verewigten Staatsministers von Grolmann, seines verehrten vormaligen Universitätslehrers und hohen Gönners, „durch kein zu occupirtes Staatsamt an den historischen Arbeiten gehindert zu werden (was die gelehrte Welt sehr zu beklagen haben würde), vielmehr in Dienstverhältnissen zu stehen, welche ihm Muse für sein Lieblingsstudium gestatten ꝛc.", in welcher Beziehung ihm bereits durch Uebertragung des Historiographenamts mit der ihm urkundlich in Aussicht gestellten angemessenen Gehaltserhöhung die Bahn eröffnet wurde, auf welcher er zur hohen Stufe einer darauf befindlichen Reihe historischer Werke (26 Bände bis jetzt umfassend) gelangte, durch welche Ei's. Liebe zu Fürst und Vaterland, treues Festhalten am Beruf und reicher wissenschaftlicher Gewinn als schönster in dem Bewußtsein des Jubilars lebender Lohn documentirt ist, und ihn,

―――――

*) In neuester Zeit Historiograph des Großh. Hauses und des Großherzogthums s. Hof- und Staatshandbuch des Großherzogthums Hessen von 1866 S. 246, von 1867 S. 189.

der einen (wie dies natürlich gar nicht zu erwarten steht) ihm aufgedrungenen Ruhestand als ein großes Unglück betrachten würde, zur eifrigsten Fortsetzung seiner schriftstellerischen Dienstactivität ermuthigt.

So steht nunmehr St. bis zum nächstfolgenden 28. Juli 1868 am Ziele von 60 Jahren, während welchen er in den verschiedenen Zweigen des öffentlichen Dienstes dreien Regenten seines hessischen Vaterlandes mit treuer Anhänglichkeit eifrigst diente: Sr. K. H. Ludewig I. von 1808 bis 1830, Sr. K. H. Ludwig II. von 1830 bis 1849 und seitdem Sr. K. H. Ludwig III.

B.

Des Jubilars Wirksamkeit als Historiker, welche, wie die seines öffentlichen Dienstes, nach der unten in diesem Abschnitte gegebenen näheren Darlegung bis jetzt eine sechszigjährige ist, war der Mittelpunkt all' seiner, auch in andern Angelegenheiten (Abschnitt C.) bewiesenen immer noch bereitwilligen Thätigkeit. Schon als Primaner unter Wenk verfaßte er mit Vorliebe die den Schülern aufgegebenen historischen Elaborate und hörte dessen anziehenden Geschichtsvorträge mit gespannter Aufmerksamkeit. Unter J. G. Zimmermann, dem Nachfolger Wenk's im Directorium des Gymnasiums, erhielt St. als Selektaner aus den Schätzen der altklassischen und der neuen vaterländischen Literatur jene Weckung zu Uebung jugendlicher Kraft, (besonders im lateinischen und deutschen Styl) jene Eindrücke für das Höhere und Bessere, welche der treffliche Lehrer in liebevoller und ehrfurchtsgebietender Weise dem Herz und Verstande seiner Schüler mit einem so guten Erfolge zuzuführen wußte, daß er damit eine reiche Aussaat der herrlichsten Früchte unter Hunderte seiner zu jeder Zeit ihres späteren Lebens ihm dafür Dankbare ausgestreut hatte. *)

---

*) Der Jubilar hatte in dankbarer Erinnerung an jene schöne Zeit des höheren Unterrichts bei Z. demselben, so oft eines seiner Werke erschienen war, Geschenkexemplare derselben überreicht, wodurch zwischen ihm und diesem seinem hochverehrten ehemaligen Lehrer eine Correspondenz angeknüpft wurde, aus deren interessantem Inhalte wir folgende Schreiben mittheilen:

Mein verehrtester Freund. Sie haben mir mit den gehaltvollen Erzeugnissen Ihrer historischen Untersuchungen, womit Sie mich vor

Um die Zeit, als St. in den öffentlichen Dienst getreten war (28. Juli 1808), begann er seine literarischen Arbeiten mit Abfassung kleiner historischer Aufsätze theils für die Morgenzeitung, theils blos zur Uebung für sich. In diesen Versuchen waltete die Romantik vor; es waren Ergüsse jugendlicher Phantasie auf Grundlage des Historischen und in soweit ein nützlicher Anfang

einiger Zeit beehrten, ein ungemein großes Vergnügen gemacht. Ich kann mir wohl denken, wie ein Mann von Beobachtungsgeist den Schritten und Tritten der Väter unwiderstehlich nachforscht und durch diese Nachforschungen zu den glücklichsten Resultaten gelangt. Fahren Sie fort, mein theuerster Freund, die Bahn ihres ehemaligen Lehrers Wenk zu betreten; widmen Sie fernerhin dem ehrwürdigen deutschen Alterthum Ihre Bemühungen und rechnen Sie zum Voraus auf den gerechten Dank aller Freunde des historischen und antiquarischen Studiums.

Beehren Sie mich forthin mit Ihrer unschätzbaren Freundschaft und Zuneigung und glauben Sie meiner Versicherung, daß ich nicht anders als mit Verehrung und Liebe an Sie denke. Darmstadt, den 21. Decbr. 1821. Ganz der Ihrige J. G. Zimmermann.

Verehrungswürdiger Freund. Wie Sie doch Ihres ehemaligen Lehrers immer eingedenk bleiben! Sobald ich im Herbst 1826 in den Hafen der Ruhe eingelaufen war, glaubte ich auf einmal von der Welt vergessen zu sein. Aber nichts weniger: gerade seit jener Zeit haben mir viele der edelsten, in und außer dem Vaterlande zerstreuten, Männer die rührendsten Beweise ihres unerloschenen Andenkens an mich gegeben. Zu diesen Theuren gehören auch Sie, mein verehrtester Herr Hofrath: liebevoll gedenken Sie mein und beehren mich freundschaftlichst mit einem Exemplar ihrer neuesten antiquarischen und historischen Forschungen. Wahrlich es ist doch nicht umsonst, vorzüglicher und wohlwollender Menschen Lehrer gewesen zu sein: man wandelt bei ihnen, wenn man auch in den Schatten getreten zu sein scheint, dennoch wie in den Strahlen der Sonne. Wie wahr und erhebend für den Lehrer zugleich sind Cicero's Worte: quis est nostrum liberaliter educatus, cui non magistri sui et doctores cum grata recordatione in mente versentur?

Durch die gütige Mittheilung des zweiten Theiles Ihres historischen Werkchens haben Sie mich Ihnen abermals zum größten Danke verpflichtet. Ueberaus schätzbar waren mir besonders die Nachrichten über Umstadt. Hier habe ich einst das Glück meines Lebens gefunden und viele meiner Tage wie in Arkadien verlebt. Alles also, was Sie über diesen mir unvergeßlichen Ort ausgeforscht haben, mußte für mich anziehend, mußte für mich von hohem Interesse sein. Nirgends in dem Städtchen haben Sie aber auch

zu dessen späteren rein historischen Arbeiten, als hierin überhaupt eine befördernde Weckung seiner Liebe zur Geschichte lag, für die er bald nach diesem Anfange auf dem weiten Gebiete der Forschung nützlich zu werden beschlossen hatte. Nach mehrjährigen Vorstudien setzte ihn seine Uebersiedelung nach Seligenstadt (1814) auf einen diesem Vorhaben angemessenen Standpunkt. Hier und

ein Winkelchen berührt, das mir nicht bekannt gewesen wäre, das nicht an eine liebliche Vergangenheit erinnert, das mir nicht die Sterne meiner früheren Tage vergegenwärtigt hätte. Verzeihen Sie, mein Theurer, wenn ich anfange, etwas plauderhaft zu werden; aber Sie wissen ja schon: senectus est natura loquacior.

Wenn ich mich doch einmal mündlich mit Ihnen unterhalten könnte, da ich eine historische Reliquie in die Hände eines vaterländischen Historikers, namentlich in die Ihrigen, gerne abgeben möchte. Wegen dieser Eröffnung wünsche ich über den Empfang dieses Briefchens nur mit einer Zeile eine Bescheinigung von Ihnen zu erhalten.

Mit unwandelbarer Freundschaft

der Ihrige

J. G. Zimmermann.

Darmstadt, den 28. Januar 1828.

Aus einem Schreiben vom 24 Jan. 1828. Ihre gekrönte Schrift „Ueber Oeffentlichkeit — Gerichten", habe ich allerdings erhalten. Aus Ihrer beßfalligen Anfrage muß ich fast schließen, daß Ihnen, was ich noch jetzt nicht genug zu beklagen wüßte, mein damaliges Danksschreiben nicht zugekommen ist. Sie sind also Vater von fünf Kindern? Lasse der Himmel Alles, was Sie und Ihre Frau Gemahlin zur Bildung ihres Herzens und Geistes thun oder thun lassen, an ihnen gedeihen! Könnte ich doch, das Lehrbuch in der Hand, wie mir diese Freude bei vielen meiner früheren Selectaner zu Theil ward, auch noch Ihnen in Ihren geliebten Kindern meine Zuneigung und Liebe ausdrücken! Nun aber 74 Jahre über meine Scheitel weggeflogen sind, bleibt mir für die Lieblinge meiner ehemaligen theuren Schüler nichts übrig, als Wünsche und Segnungen. Leben Sie mit den geliebten Ihrigen wohl und glücklich. Ganz der Ihrige

J. G. Zimmermann.

Aus einem Schreiben vom 4. Juni 1828. Verehrungswürdiger Freund! Sie haben mir durch Ihre Dedication eine ungemein große oder vielmehr eine zu große Ehre erwiesen. Hätte ich sie nicht als den Erguß Ihrer Freundschaft und Liebe gegen mich angesehen, so würde ich sagen, daß ich dadurch fast beschämt worden bin . . . . Ihre Ankündigung einer neuen heff. Regenten- und Landesgeschichte

in der Umgegend des Mains fand er so zahlreiche Römerdenkmale, so viele Urkunden in Reposituren, so manche im Volke lebenden Ueberlieferungen und bei diesen reichen Quellen dagegen eine verhältnißmäßig so kleine und nur eine auf einzelne Punkte gerichtete Literatur, daß er vor Allem die Erforschung des Maingebietes

---

wird den heff. Patrioten höchst angenehm sein. Nehmen Sie flink und rüstig die Arbeit vor und lassen Sie sich durch Schwierigkeiten und Bedenklichkeiten, auf welche Sie hier und da stoßen werden, ja nicht abschrecken. Nur verwahren Sie sich — erlauben Sie Ihrem alten Lehrer diesen Fingerzeig — gegen die Fehler des Vellejus Paterculus. Mit Verehrung und Liebe ganz der Ihrige J. G. Zimmermann. (Die Grabstätte dieses als Mensch wie als berühmter Pädagog gleich hochgeehrten Gelehrten (geb. 1754, gest. 10. December 1829), welcher im liebevollen und dankbaren Andenken all seiner zahlreichen Descendenten, seiner Schüler, vieler andern seiner Verehrer und ihrer Nachkommen stets fortleben wird, befindet sich auf dem alten Friedhofe zu Darmstadt neben der seiner Gattin Henriette, geb. Klein. Drei um diese Stätte beider Gräber gesetzte Acazienbäumchen und eine dabei gelegte Sandsteinplatte mit der Inschrift: Hier ruhen Dr. J. G. Zimmermann, Großh. Gymnasial-Director zu Darmstadt und seine Gattin Henriette, geb. Klein, bezeichneten bisher dieselbe, obgleich in dieser einfachen Ausstattung, als eine der merkwürdigsten starkbesuchtesten Grabstellen des alten Friedhofs. Durch die seit mehreren Jahren vorgenommene Verwandlung dieses Friedhofs in Garten- und Bosquetanlagen, wodurch nach und nach eine Menge Gräber planirt und ihre Denkmale beseitigt worden sind, kam leider l. J. 1866 die Reihe dieser Umwandlung auch an Zimmermann's Grabstätte, über welche nun ein breiter Weg für die lustwandelnden Menschenkinder unserer Zeit geht. Um dieser profanirten Stätte die ihr gebührende Heiligkeit zu erhalten und zu sichern, sind aus Anlaß eines diese Angelegenheit betr. Artikels (Nr. 252 von 1867 der Darmst. Zeitung) gegenwärtig unter mehreren ehemaligen Schülern Zimmermann's Besprechungen über einen zur Errichtung eines Denkmals daselbst zu fassenden Beschluß, woran sich Jubilar betheiligt, im Gange.

Ein Studiengenosse und Freund St., der verstorbene Stadtpfarrer Stüber zu Darmstadt, Schwiegersohn Zimmermann's, bemerkt unter Anderem in einem Schreiben an St.: „Alles was ihn in der wohlverdienten Ueberzeugung bestärkt, daß sein Andenken in den Herzen dankbarer Schüler lebt, ist Balsam für seine alten Tage. Ueberdies achtet und liebt er Dich so sehr, daß auch schon darum Alles, was von Dir kommt, ihm höchst angenehm und erfreulich ist."

von Obernburg an bis herab nach Offenbach für nöthig erachtete. Es erschien sofort im Jahre 1820 seine bereits zwei Jahre zuvor ausgearbeitete und angekündigte Geschichte der Stadt und Abtei Seligenstadt. Die günstige Aufnahme dieser ersten Arbeit beförderte die folgenden und ließ auf sie nicht lange warten. In angemessenen Zeiträumen folgten die Geschichte des Freigerichts Alzenau, die Geschichte des Bachgaues (Obernburg, Dieburg, Babenhausen, Umstadt) in drei Theilen (zu deren Beförderung Se. K. Hoh. Großherzog Ludewig I. Unterstützungen bewilligte), sowie nach dessen Hinscheiden die Geschichte des Rodgaues (Steinheim, Heusenstamm) und zuletzt des Maingebietes und Spessarts unter den Römern. Letzteres Werk entstand in Auftrag des historischen Vereins für Unterfranken und Aschaffenburg, den Limes romanus im Spessart zu untersuchen, welchen er im Sommer 1834 nach verschiedenen Richtungen bereiste. Wie viele Aufschlüsse gab ihm hier die Autopsie (zum Theil in Begleitung seines kundigen Freundes, des Revierförsters Dr. Mabler zu Miltenberg), und zu welchen Resultaten führte ihn dabei sein Nachdenken an der Hand römischer Autoren, worin bisher nie recht Verstandenes in Bezug auf das System „der Wehren" zu finden ist. Er entwarf dieses System in genanntem Werke und bewies es mit gutem Erfolge und als Anhaltspunkt für die darauf fortgesetzten Untersuchungen Anderer und der seinigen 1) das System der römischen Wehren in Anwendung auf die Oertlichkeit, wo jetzt Darmstadt liegt und das alte Neckargebiet an der Bergstraße, 2) Eisernhand, 18 Oertlichkeiten dieser Benennung, ein Beitrag zur Lehre des Systems röm. Wehren. *)

---

*) Der geehrte Verfasser des in einer 2. Auflage erschienenen trefflichen Werkes: „Römische Denkmale des Odenwaldes", Geh. Staatsrath Dr. Knapp zu Darmstadt, schrieb an St. unter Anderem: „Ew. haben mich durch das gütigst überschickte Exemplar der Gesch. und Topogr. des Maingebiets und Spessarts unter den Römern auf die angenehmste Weise überrascht und ich erstatte Ihnen für diesen Beweis Ihres Wohlwollens meinen besten Dank. Mit wahrer Begierde und mit dem größten Interesse habe ich dieses Werk durchlesen, das für die Geschichts- und Alterthumskunde unserer Gegend von der entscheidendsten Wichtigkeit ist. Ganz besonders merkwürdig erscheint mir das von Ihnen entdeckte System der „Flußabwinkelung". Die Tactik

Aus dem unserm Jubilar in geschichtlicher Beziehung so lieb gewordenen Gebiete des untern Mains, in welchem er durch zahlreiche Verbreitung seiner Werke auch außerhalb des Kreises der Fachmänner da und dort im Volke Belehrung verbreitete, und jetzt bei der seit 1850 von S. K. H. Großherzog Ludwig III. befohlenen Einführung der so nützlichen Ortschroniken die Arbeit der Geistlichen bezüglich auf den einleitenden Theil derselben, durch den Gebrauch seiner Werke bedeutend erleichtert steht, — aus diesem Gebiete seines besonderen Forschens führte ihn, während des für obengenannte Arbeiten theilweise verwendeten Zeitraums, seine Thätigkeit oftmals auch auf andere Gegenstände: zuerst auf einen sehr fern gelegenen vor dem Forum der k. Akademie der Wissenschaften zu München, welche im Jahre 1821 über die Beschaffenheit des altdeutschen und altbayerischen Gerichtswesens in Bezug auf Oeffentlichkeit, Mündlichkeit, ihre Vortheile und Nachtheile, ihr Verschwinden, eine Preisfrage publicirte. Der Gegenstand erschien ihm als Jurist und Historiker von besonderem Interesse, und er hatte die Freude, seine hiernach ausgearbeitete Schrift unter den vier mit Preisen gekrönten zu sehen. An diese Arbeit schloß sich eine Abhandlung „über die Reste der Oeffentlichkeit, Mündlichkeit im heutigen deutschen Civilprozesse mit Hinweisung auf den alten Prozeß" in v. Linde's Zeitschrift für Civilrecht und Prozeß. Eine andere historisch juristische Abhandlung „über das Zehntrecht" befindet sich in Lippert's und Weiß's Archiv für Kirchenrecht.

Als St. im Jahre 1831 das Amt eines Historiographen erhalten hatte, beabsichtigte er Anfangs unter seinem Namen die

---

der Römer erscheint dadurch in einem neuen Lichte und Vieles wird dadurch klar, was bis jetzt, mir wenigstens, unerklärlich war. Wie gern möchte ich Sie zuweilen auf Ihren lehrreichen antiquarischen Ausflügen begleiten..."

Ueber die „Flußabwinkelung", dieser Entdeckung St., s. Calaminus „das Nidderthal in seinen ältesten geschichtl. Verhältnissen ꝛc., im Archiv der hess. Geschichte XI. 1 S. 13.

Welche huldvolle und anerkennende Theilnahme dieses Werk bei Sr. M. dem König Ludwig I. von Bayern gefunden, ist aus der Anlage I. Nr. 7 unter der Aufschrift: Von Seiten Sr. M. des Königs Ludwig von Bayern zu ersehen.

Herausgabe eines Archivs für hessische Geschichte, glaubte jedoch später durch Anregung zur Stiftung eines historischen Vereins für diesen Zweck weit wirksamer werden zu können. Er ließ daher unter Vorlage eines Entwurfs künftiger Statuten, nachdem er zu Ausführung dieses Planes von S. K. Hoh. Ludwig II. die erbetene Erlaubniß erhalten hatte*), in mehreren öffentlichen Blättern hierzu Einladung ergehen, wobei ihn sein Freund, der Pfarrer Dr. E. Scriba, unter Einbringung einer Liste zahlreicher von ihm persönlich dafür gewonnener und zur Mitwirkung an einer historischen Zeitschrift befähigter Theilnehmer eifrigst unterstützte. Nach dieser Vorbereitung und einer auf den 1. Juni 1833 von St. ausgeschriebenen und von ihm mit einer Rede eingeleiteten Vorversammlung, in welcher ein aus dem Staatsrathe Dr. Eigenbrodt, Pfarrer Dr. Scriba, Hofgerichtsadvokat H. E. Hofmann und St. bestehender Ausschuß mit Ausarbeitung und Vorlage ausführlicher Statuten beauftragt wurde, erfolgte in einer weiteren Versammlung deren Genehmigung und die förmliche Constituirung des Vereins, dessen Bestehen sofort unter dem Protektorate des Höchstsel. Großherzogs Ludwig II. von Höchstdemselben sanktionirt wurde. Staatsrath Dr. Eigenbrodt, welcher sowohl bei Ausarbeitung, Vorlage und Genehmigung der Statuten, als auch bei allen anderen Gelegenheiten sehr viel zum Zustandekommen dieses, Anfangs aus 100 Mitgliedern, später aus einer noch größeren Zahl bestehenden Vereins beitrug, und durch

---

*) Aus einem Großherzogl. Cabinetsschreiben an Hofrath Steiner vom 3. Oct. 1832. Se. K. Hoh. der Großherzog haben Ihren Entwurf zur Errichtung eines historischen Vereins für das Großherzogthum Hessen mit Vergnügen empfangen und darin einen erfreulichen Beweis Ihrer Berufsthätigkeit und Ihres Eifers, die vaterländische Geschichtsforschung in allen ihren Theilen zu fördern, gesehen. Höchstdieselben billigen Ihr Unternehmen völlig, überlassen es Ihnen aber in Verbindung mit der sich bildenden Gesellschaft auf die Ihnen am zweckmäßigsten scheinende Weise Ihren Zweck zu verfolgen und Ihre gelehrten Arbeiten bekannt zu machen.

Aus einem andern Cabinetsschreiben vom 14. October 1833. S. K. Hoh. haben das Programm zum demnächstigen Vermählungsfeste sehr gnädig aufgenommen und darin einen neuen Beweis Ihrer Anhänglichkeit an Höchstihr Haus und Ihres unausgesetzten Fleißes gesehen.

Einlieferung gründlicher Abhandlungen einer der Thätigsten des jungen Vereins war, erhielt durch einstimmige Wahl das Präsidium; außerdem wurden einstimmig gewählt: Archivrath Strecker zum Vicepräsidenten, Hofrath Dr. Steiner zum ersten, Pfarrer C. Scriba zum zweiten Secretär. Die Redaction des Archivs für hess. Gesch. hatte St. statutenmäßig zu besorgen, und es erschienen sofort unter seinem Namen vom Jahre 1835 an bis zum Jahre 1844 drei Bände ein Heft dieser Zeitschrift, in welcher die in der Anl. 29 bezeichneten Abhandlungen Nr. 31 bis Nr. 37 vorkommen.

Bei einer in der General-Versammlung des hist. Vereins i. J. 1844 stattgehabten statutenmäßigen Neuwahl des Ausschusses schied St. als erster Secretär aus und es wurde an dessen Stelle der bisherige seit mehreren Jahren in Dr. Scriba's Function getretene zweite Secretär, Geh. Archivar (jetzt Staats-Archivdirector) Geheimerath Dr. Baur, St. aber in den Ausschuß gewählt, welchem er bis jetzt wahlmäßig stets angehörte. Jene Generalversammlung, durch welche ihm gewünschtermaßen der neue Standpunkt im Verein zugewiesen wurde, beehrte ihn „wegen seiner verdienstvollen Leistungen im Interesse des Vereins" mit einer anerkennenden Zuschrift (Chronik des h. V. 1844. S. 19), sodann später die Generalversammlung vom 10. December 1866 ihn und den Hrn. Hofrath Wagner zu Roßdorf „in Anbetracht ihrer großen langjährigen Verdienste um den Verein zu Ehrenausschußmitgliedern desselben. (QuartalbL 1866. S. 11.)

Die oft angeregte Frage, welche Literaturschätze der ehemalige Kurstaat Mainz während dessen schwedischen Occupation im dreißigjährigen Kriege an Schweden verloren habe, hielt St. im Interesse der an mehrere angrenzende Staaten übergegangenen mainzischen Landestheile, insbesondere des hierbei stark betheiligten Großh. Hessen für wichtig genug, um nach den ihm hierüber zugekommenen glaubhaften Notizen achtbarer Correspondenten des Auslandes, hierin für das Vaterland zu wirken. Diese Indicien veranlaßten ihn daher vorerst zu einer Petition an den damaligen König von Schweden Karl XIV. Johann Majestät um Erlaubniß zu Recherchen in den königlichen Archiven und Bibliotheken Schwedens, worauf ihm durch den königl. schweb. Gesandten zu

Berlin, Baron d'Ohson, brieflich mitgetheilt wurde: „Sa Majesté Vous accorde avec plaisir l'autorisation de prendre connaissance et de tirer copies de manuscripts concernant l'Allemagne à l'epoque de la guerre de trente ans, qui se trouvent dans les Archives et les Bibliotheques royales en Suede et que Vous serez sur, Monsieur, de trouver dans les depôts l'acceuil et les facilités, qui meritent les honorables recherches sur l'histoire de Votre patrie auxquelles Vous Vous êtes livré etc. Gewiß vielversprechende Aussichten zur Erleichterung der Arbeit und zu Ausführung des Planes, wonach St. diese Mühe unternehmen wollte. Dieser Plan war: nicht bloß vorhandene, oftmals nur durch Zufall ans Licht gezogene literar. Schätze zu durchlesen, nach Umständen zu verzeichnen, zu extrahiren oder zu copiren, sondern auch und hauptsächlich nach bisher unbekannten mit dem Interesse und Wissen eines Deutschen an Ort und Stelle zu suchen, zu welchem Zwecke der Autopsie eine Untersuchungsreise in Schweden nothwendig erscheine, ein Plan, welcher bei den Meisten, die St. nach einer vorliegenden weitläufigen Correspondenz (von Dr. Friedemann in seiner Zeitschrift f. d. Archive benutzt) um Theilnahme anging, keinen Beifall fand und ihrer Ansicht, „daß man, bevor eine Theilnahme geschehen könne, wissen müsse, was? und wo? irgend Etwas des Gewünschten vorhanden sei" nicht entsprach und somit scheiterte. Wie richtig aber Steiner's Ansicht war und zu welchen Resultaten er auf einer Forschungsreise in Schweden gekommen wäre, zeigt des Prof. Dr. Dudik's Werk „Forschungen in Schweden für Mährens Geschichte, Brünn 1852", welcher in Auftrag des nicht lange säumenden mährischen Landesausschusses i. J. 1851 nach demselben Plane St. eine Reise nach Schweden unternommen und nicht allein für Mährens Geschichte, sondern auch für die des österreichischen Kaiserstaates, sowie für andere Zweige der Literatur viele interessante in jenem Werke niedergelegte Mittheilungen von daher mitgebracht hatte.

Das Hinscheiden Ludewigs I., Großh. von Hessen K. Hoh., dessen Zeitgenosse St. als Jüngling und Mann gewesen, war für ihn ein mächtiger Antrieb zur Bearbeitung seiner Geschichte, nach welcher viele Stimmen im Vaterlande Verlangen aussprachen:

eine schwere Aufgabe hinsichtlich der zweckmäßigen Auswahl eines reichen, größtentheils aus den Schätzen der großh. Hofbibliothek zu Darmstadt unter bereitwilligster und oft mühevoller Theilnahme seines Gönners und Freundes, des Oberbibliothekars Geheimen Hofraths Dr. Feder erhaltenen Materials geschichtlicher Nachrichten und urkundlicher Quellen aus dem vielbewegten Leben und einer langjährigen fruchtbringenden Regierung dieses großen Fürsten. St. suchte sie durch Herausgabe eines im Jahr 1842 erschienenen Werkes zu lösen, dessen starke Verbreitung im In= und Auslande, insbesondere in den Gemeinden und unter dem Volke des Großherzogthums Hessen, sowie dessen Benutzung zu Abfassung einer im Lesebuch für Schulen befindlichen kürzeren Geschichte, wohl ein günstiges Zeugniß seines Werthes sein dürfte, welcher auch von Seiten der Kritik anerkannt wurde (großh. hess. Zeitung von 1842, Nr. 286.) Ein thätiger Beförderer desselben, sowie all' seiner früheren Werke überhaupt, war insbesondere der Höchstsel. Großherzog Ludwig II., Höchstwelcher die Dedication desselben huldvoll aufnahm, ebenso Se. Hoheit der damalige Erbgroßherzog (nunmehrige Großherzog Ludwig III. K. Hoh.), Höchstwelchem der Verfasser die Mittheilung vieler interessanten Materialien verdankt, und sich später, nachdem das Werk erschienen war, bei Gelegenheit der Ueberreichung eines hohen Schreibens S. M. des Königs Otto von Griechenland an den Verfasser, *) huldvoller freudiger Anerkennung des „in klarer Darstellung gut gearbeiteten Werkes" zu erfreuen hatte und deren auch rücksichtlich

---

*) Dieses hohe Königliche Schreiben lautet wie folgt: Herr Hofrath Steiner. Die von Ihnen verfaßte Geschichte Ludewigs I, Groß= herzogs von Hessen und bei Rhein ist eine um so verdienstlichere literarische Arbeit, als sie dem Leser das Bild eines trefflichen Fürsten vor Augen stellt, welcher zu einer so stürmischen Zeit nicht nur die Selbstständigkeit seines Staates zu behaupten, sondern auch durch eine einsichtsvolle Regierung zu heben wußte. Für Mich hat dieses Werk noch ein besonderes Interesse wegen der innigen Ver= wandtschaftsbande, die zwischen der Großh. Hess. Familie und Mir bestehen. Ich habe demnach mit Vergnügen das Exemplar empfangen, welches Sie Mir übersandt haben, und verbinde mit dem Ausdruck Meines Dankes dafür die Versicherung Meiner besonderen Werth= schätzung. Ihr wohlgeneigter Otto. Athen, am 14./26. Dec. 1842.

anderer Werke stets erfreut.*) Auf welche Weise noch andere
hohe Häupter des Auslandes dieses Werk aufnahmen, zeigen die
an den Verfasser erlassenen Zuschriften (in den Anlagen am

---

*) S. K. Hoh. der damalige Erbgroßherzog beehrte ihn in dieser Beziehung
mit folgenden huldvollen Schreiben. Mein lieber Herr Hofrath und
Historiograph. Ich habe das Mir mit Ihrer gefälligen Zuschrift
vom 10. d. M. übersandte Werk mit besonderem Vergnügen aufgenommen. Die mit großen Schwierigkeiten verknüpfte Bearbeitung
desselben legt eben so sehr einen hohen Beweis von Ihrem unermüdlichen Eifer für Ihre literar. Unternehmungen ab, als Sie Sich
dadurch ein neues Verdienst um die vaterländische Geschichte erworben
haben, das zweifelsohne in der literar. Welt die gebührende Anerkennung finden wird. Empfangen Sie noch Mein lieber Herr
Hofrath für die Mir bewiesene Attention Meinen verbindlichsten
Dank und halten Sie Sich zugleich Meiner besonderen Werthschätzung
versichert. Ich bin Ihr wohlgewogener Ludwig, Erbgroßherzog
von Hessen. Darmstadt, den 23. December 1834.

Mein lieber Herr Hofrath. Ich habe Ihr Schreiben vom 6. d. M.
erhalten und anerkennend Ihre Verdienste, die Sie Sich bereits im
Gebiete der Geschichte und des Alterthums erworben haben, entspreche ich Ihrem Ansuchen, das dermalen von Ihnen bearbeitet
werdende neue Werk: Geschichte und Topographie des Römergebiets
im Bereiche des Großh. Hessen mit Bezug auf Militäralterthümer
und Anbau mir dediciren zu dürfen, um so lieber, weil dasselbe ein
erneuertes Zeugniß ablegt von Ihren rastlosen Forschungen in geschichtlicher Hinsicht, und Ich dabei zu der Erwartung berechtigt bin,
daß dasselbe gleich Ihren früheren Werken nicht wenig zur Bereicherung der Kenntnisse im Gebiete der Geschichte und des Alterthums
beitragen werde. Empfangen Sie zugleich Meinen Dank für die
Mir bewiesene Attention und halten Sie Sich Meiner besonderen
Werthschätzung versichert. Ihr wohlgewogener Ludwig, Erbgroßherzog von Hessen. Darmstadt, den 12. August 1835.

Mein lieber Hofrath Steiner. Das Interesse, welches Sie an
Meiner Sammlung von Alterthümern nehmen, hat Mich sehr gefreut, und Ich sage Ihnen für den Beitrag, den Sie Mir zu derselben zu übersenden so gefällig waren, Meinen Dank.

Zugleich freue Ich Mich, Sie bei dieser Gelegenheit Meines
aufrichtigen Wohlwollens zu versichern, womit Ich bin, Mein lieber
Hofrath Steiner, Ihr sehr wohlgewogener Ludwig, Erbgroßherzog
von Hessen. Darmstadt, den 22 Juni 1846.

Schlusse) und insbesondere drei in der Note *)7 abgedruckten, sowie die Verleihung der großen goldenen Verdienstmedaille von Seiten Sr. M. des Königs Karl XIV. Johann von Schweden.**)
An die Geschichte Ludwigs I. schließt sich die im Jahr 1849 erschienene Ludwigs II., welche zusammen einen Abschnitt der großh. hess. Geschichte von 1790 bis 1848 bilden. Nicht allein, daß in letzterem Werke, welchem im Juli 1848 ein von St. verfaßter Nekrolog dieses am 16. Juni 1848 verstorbenen Großherzogs voranging, hervorzuheben gesucht wurde, wie dieser durch

---

*) Werthgeschätzter Herr Hofrath. Das Mir mit Ihrem Schreiben vom 5. August übersandte, von Ihnen verfaßte Werk "Ludwig I., Großherzog von Hessen und bei Rhein" habe Ich zu erhalten das Vergnügen gehabt. Indem Ich Ihnen für die Mir dadurch bezeugte Aufmerksamkeit verbindlich danke, verbleibe Ich mit vorzüglicher Hochachtung Ihr wohlgeneigter Leopold. Carlsruhe, den 2. Nov. 1842.
Ein früheres Schreiben vom 14. April 1832 lautet wie folgt: Mein lieber Herr Hofrath. Sie haben Mir mit Ihrem, unterm 2. d. M. übersandten Werke, wodurch Sie Sich um die Geschichte Ihres Vaterlandes ein besonderes Verdienst erworben, ein um so angenehmeres Geschenk gemacht, als solches wegen der verwandtschaftlichen Verhältnisse zwischen Meinem und dem Großh. Hess. Hause von besonderem Interesse ist. Empfangen Sie daher meinen verbindlichsten Dank dafür und die Versicherung der besonderen Achtung, womit Ich verbleibe Ihr wohlgeneigter Leopold.
Aus einem Schreiben des Bibliothekars S. K. H. des Erbherzogs Carl vom 12. Novbr. 1842. Ich habe von S. K. H. dem Erbherzog Carl den ehrenvollen Auftrag erhalten, für die Aufmerksamkeit, welche Ew. H. durch die Ueberreichung Ihres gründlichen und gediegenen Werkes "Ludwig I., Großherzog von Hessen" bewiesen, verbindlichst zu danken. Indem Ich diesem Befehle mit wahrem Vergnügen nachkomme, benütze ich die Gelegenheit, E. H. die besondere Hochachtung zu versichern, mit welcher ich es mir zur hohen Ehre anrechne, mich einem so ausgezeichneten Gelehrten bestens empfehlen zu können.

**) Aus einem Schreiben des K. Schwedischen Gesandten Grafen von Wrangel, d. d. Hamburg, den 4. Januar 1843:
Sa Majesté a reçu avec plaisir cet ouvrage sur le Grand Duc de Hesse et je suis chargé de Vous remettre Monsieur de la part du Roi mon auguste Souverain en reconnoissance de Votre livre une medaille en or à l'effigie de Sa Majesté.

Weisheit und Herzensgüte ausgezeichnete Regent mit consequentem Festhalten an den Reformen seines Vaters deren Entwickelung beförderte, wodurch ihm der Nachwelt stete Dank gesichert ist, sondern auch um aus der genannten ganzen Periode beider Regenten den Blick der Zeitgenossen von der Flachheit der damaligen Journalisten-Literatur auf jene vielseitigen Staatsreformen, welche in ihrer Tiefe und Weisheit den Grund der Fortdauer in sich selbst tragen, zu lenken, und vor welchem alle Versuche thörichter Parteiweisheit zurückweichen müssen, hielt sich der Verfasser für verpflichtet, grade in jener revolutionären Zeit zu schreiben, wenn es Andern gleichwohl bedünken wollte, daß diese Arbeit für eine spätere ruhigere Zeit aufgehoben werden müsse.

Diesen beiden Werken der neuesten hess. Geschichtsperiode gegenüber oder zur Seite schrieb St. eine im Jahr 1861 erschienene ausführliche Geschichte Georg I., Landgrafen von Hessen-Darmstadt (diplomatisch Landgrafen zu Hessen)*), wodurch der Umfang der neuen hess. Geschichte (des Sonderstaates Hessen-Darmstadt) von 1567 bis 1848 nach zwei Punkten bezeichnet erscheint, einerseits ben der Gründung (1567) und anfänglichen Beschaffenheit der Landgrafschaft, andererseits jenen (seit deren Erhebung zum Großherzogthum) des neuesten Zustandes dieses Staates. Die zwischen beiden Grenzpunkten liegende Mitte, in welche die Geschichte des Landgrafen Ludwig V., Georg II., Ludwig VI., Ludwig VII., Ernst Ludwig, Ludwig VIII., Ludwig IX. gehört, kann, da in den bereits erschienenen zwei Hauptwerken (Georg I., Ludwig I.) die Fäden zur Vervollständigung des

---

*) Diesem Werke ging im Jahr 1823 St. „Georg I., Landgraf von Hessen-Darmstadt, eine historische Skizze", voran, gewidmet dem Herrn Professor Dr. J. G. Zimmermann, Ritter des großh. Ludwigordens. Das Schriftchen umfaßt 30 Octavseiten und ist nach einer Wenk'schen Reliquie bearbeitet, die der Verfasser damals von seinem theuren Lehrer und väterlichen Freunde Zimmermann, zu diesem Zwecke mündlich und brieflich beauftragt, erhalten hatte. Die darauf bezügliche Stelle seines Schreibens an St. vom 15. Januar 1828 lautet: „Wenn ich mich doch einmal mündlich mit Ihnen unterhalten könnte, jetzt zumal, da ich eine Wenk'sche Reliquie, die ich bis jetzt wie ein Heiligthum aufbewahrt habe, in die Hände eines vaterländischen Historikers, namentlich in die Ihrigen, zu besonderem Gebrauch gerne abgeben möchte."

Ganzen liegen und dafür absichtlich darin angezeigt sind, eingeschoben werden, wodurch ein zusammenhängendes Werk entsteht, welches St. zu vollenden hofft, wenn ihm die Vorsehung hierzu fernere Gesundheit und Kraft verleiht.

Vorerst hat er jedoch aus andern erheblichen Veranlassungen und Zeitumständen seinem dienstlichen Beruf durch Herausgabe folgender zur heff. Geschichte gehörigen Schriften entsprochen: 1) einer Biographie der Landgräfin Caroline von Hessen-Darmstadt, Gemahlin Ludwigs IX. 1841 als Programm auf die Vermählung JJ. KK. HH. des Großfürsten Thronfolgers Alexander von Rußland und der Großfürstin Maria Alexandrowna, geb. Großh. Prinzessin von Hessen und bei Rhein; 2) Geschichte des Patrimonialgerichts Landorf 1842; 3) das System der römischen Wehren in Anwendung auf die Oertlichkeit, wo jetzt Darmstadt liegt und das alte Neckargebiet in der Bergstraße, Programm zur Feier des 50jährigen Dienstjubiläums des Verfassers Dr. Steiner 1858; 4) das Castrum Selgum, zur Urgeschichte der Stadt Seligenstadt, Programm zur Feier des 25jährigen Vermählungsfestes JJ. KK. HH. des Großherzogs Ludwig III. und der Großherzogin Mathilde von Hessen 1858; 5) die Verwandtschaften des Großh. Heff. Hauses mit 23 regierenden Häusern, Programm zur Feier der Vermählung S. G. H. des Prinzen Ludwig von Hessen mit J. K. H. der Prinzessin Alice von Großbritannien und Irland 1861; 6) Mathilde, Großherzogin von Hessen, nach ihrem Leben und Wirken, erster Theil 1862, Supplementtheil 1863*); 7) Zur Urgeschichte der Stadt Seligenstadt, 1863,

---

*) Bezüglich auf dieses Werk folgen hier zwei Schreiben. „Werthgeschätzter Herr Hofrath. Sie haben Mir mit Schreiben vom 12. d. M. Ihre neueste Schrift, „Mathilde, Großherzogin von Hessen und bei Rhein ꝛc.", übersendet. Ich habe mit Vergnügen von dem Inhalte Ihrer Arbeit Kenntniß genommen und daraus ersehen, daß Sie mit Treue und Sorgfalt das segensreiche Leben Ihrer ausgezeichneten Landesfürstin zu schildern bemüht waren, und auf diese Weise auch dem größeren Publikum Gelegenheit gaben, die Tugenden der so früh dahin geschiedenen hohen Frau kennen zu lernen.

Indem Ich Ihnen Meine volle Anerkennung wegen Ihrer dadurch wiederholt kundgegebenen vaterländischen Gesinnung ausspreche,

Programm zur Feier des erften Luftrums am 28. Juli 1863, nach zurückgelegtem 50jährigen Dienftjubiläum am 28. Juli 1858; 8) die Verwandtschaften der Großh. Häuser Hessen und Mecklenburg-Schwerin, Programm zur Feier der Vermählung S. K. H. des Großherzogs Friedrich Franz II. von Mecklenburg-Schwerin mit J. G. H. der Prinzessin Anna Maria von Hessen 1864 *); 9) Zur Geschichte Ludewigs I., Großh. von Hessen, Supplement zu der im Jahr 1842 erschienenen Geschichte dieses Regenten mit einem Prospect zur Herausgabe eines neuen heff. Quellenwerks

danke Ich Ihnen freundlich für die Uebersendung des Buches und verbinde damit gerne die Versicherung besonderer Werthschätzung.
Carlsruhe, den 30. November 1862.
Friedrich, Großherzog von Baden.

Ew. Wohlgeboren beehre ich mich für das gefällige Schreiben vom 17. l. M. und der mir damit zugekommenen beiden Exemplare des interessanten und rührenden Nekrologs unserer unvergeßlichen Großherzogin Mathilde meinen verbindlichsten Dank auszusprechen. Ich habe der verewigten hohen Frau seit einer langen Reihe von Jahren nahe genug gestanden, um über das Verdienstliche des Werkes urtheilen und deßhalb in seiner ganzen Bedeutung anerkennen zu können.

Empfangen Ew. Wohlgeb. auch bei diesem Anlasse die Versicherung unverbrüchlicher Hochachtung, mit der ich zu verharren die Ehre habe. Ew. Wohlgeb. gehorsamster Diener   Dalwigk.

*) Sehr geehrter Herr Hofrath. Mit größter Freude habe Ich Ihre Schrift: „Die Verwandtschaften der Großherzogl. Häuser Hessen und Mecklenburg", entgegengenommen, und mit dem lebhaftesten Interesse bin Ich Ihren mühsamen Forschungen aus längst vergangenen Zeiten zu einer hoffnungsreichen Gegenwart gefolgt. Genehmigen Sie Meine aufrichtige Anerkennung des Werthes Ihrer Arbeit, die zugleich ein ehrendes Zeugniß für Ihre Anhänglichkeit am angestammten Fürstenhause ablegt und empfangen Sie mit Meinem herzlichsten Dank für die durch Zusendung Ihrer Schrift mir erzeigte freundliche Aufmerksamkeit auch die Versicherung Meiner Ihren Verdiensten gewidmeten Hochachtung, womit Ich verbleibe

Schwerin, den 7. April 1864.
Ihre wohlgeneigte
Alexandrine,
Großherzogin Mutter v. Mecklenb.-Schwerin,
Prinzessin von Preußen.

An den Historiographen des Großherzogl. Hauses und Landes, Ritter ꝛc. Herrn Hofrath Dr. Steiner in Darmstadt.

„Jur. Zeitungsartikel" mit Proben 1866*); 10) die Feier der Einweihung des Grabmonuments der Höchst. Großherzogin Mathilde von Hessen 1860. 11) Die Besuchsreise S. K. H. Ludwig III., Großherzogs von Hessen i. J. 1863 und über den Stämmegeist, 1867, worin St. übereinstimmend mit dem Programm der conservativen Partei des constitutionellen bundesstaatlichen Wahlvereins zu Dresden in einer loyal vorwaltenden starken Bundescentralgewalt (nicht particularen Obergewalt), in der gewissenhaften Durchführung des föderativen Elements, in der Förderung der bürgerlichen Freiheit und Entwickelung der Kräfte auf dem wirthschaftlichen Gebiete und in der Schonung der Steuerkraft des Volks durch möglichste Beschränkung der Aus=

---

*) Ew. Wohlgeboren gefälliges Schreiben vom 23. v. M. habe ich zu erhalten die Ehre gehabt und nicht verfehlt, die demselben beigelegenen von Ihnen herausgegebenen zwei Schriften:

1) Supplement zur Geschichte Ludewig I. Großherzogs von Hessen,
2) die Feier der Einweihung des Grabmonuments der Höchstseligen Großherzogin Mathilde von Hessen,

Sr. Hoheit dem Herzog, meinem gnädigsten Herrn, unterthänigst vorzulegen. Se. Hoheit haben diese Zusendung gnädigst entgegen genommen und mich gnädigst beauftragt, Ihnen dafür Höchstihren Dank auszudrücken.

Zugleich haben Se. Hoheit bei diesem Anlaß Ihnen als Beweis der Anerkennung Ihres wissenschaftlichen Strebens die Herzogliche goldene Medaille für Kunst und Wissenschaft gnädigst zu verleihen geruht.

Indem ich Ew. Wohlgeboren hiervon ergebenst benachrichtige, bemerke ich noch, daß die Medaille nebst Patent Ihnen durch die Herzogliche Ordenskanzlei demnächst zukommen wird und beharre in vollkommenster Hochachtung. Biebrich, den 8. Mai 1866.

Aus Herzoglich Nassauischem Geheimen Cabinet.
Kraft, Geheimer Cabinetsrath.

Abschrift.

Wir Adolph, von Gottes Gnaden Herzog zu Nassau ꝛc. haben Uns gnädigst bewogen gefunden, dem Großh. Hess. Historiographen Hofrath Dr. Steiner zu Darmstadt Unsere goldene Medaille für Kunst und Wissenschaft zu verleihen und ertheilen demselben hierüber gegenwärtiges Patent.

Urkundlich Unserer eigenhändigen Unterschrift und des beigedrückten Cabinetssiegels.

Biebrich den 5. Mai 1866.   Adolph.
L. S.   Wittgenstein.

gaben für unproductive Zwecke, ganz nach dem im deutschen Volke lebenden Stammegeist die wahre und richtige Verfassung ganz Deutschlands erblickt, wie sie bereits glücklicher Weise durch die in den Befreiungsjahren 1815 geschaffene vollkommen entwicklungsfähige Bundesverfassung begründet aber unglücklicher Weise nicht weiter entwickelt und durchgeführt ward; 12) Gustav Adolph König von Schweden, 1636 zu Seligenstadt; 13) Gegenwärtige neueste Schrift mit 4 Abhandlungen und der Biographie des im 60. activen Staatsdienstjahre stehenden Jubilars 1868.

Wir haben bisher von zwei Hauptpartien histor. Arbeiten St. geredet: der einen über Forschungen im Maingebiete, welche eine Reihe Schriften lieferten, der andern über hess. Geschichte, für welche er durch Stiftung des histor. Vereins, Project zu einer Reise nach Schweden, Herausgabe der oben verzeichneten Schriften und verschiedener im Anhange zu dessen Biographie verzeichneten Abhandlungen (im Archive für hessische Geschichte abgedruckt) thätig war. Es folgt nunmehr noch die Aufzählung zweier anderen Hauptpartien seines Wirkens, der einen über die Herausgabe eines Codex inscript. rom. und der andern über auswärtige, theils in kleinen Monographien, theils in Zeitschriften befindlichen historischen Gegenständen.

Was den von 1851 an bis 1864 successiv in 6 Theilen mit 4142 Inschriften und 18fachen Registern erschienenen Codex inscript. rom. Danubii et Rheni betrifft, so wird der Verfasser über die Methode der Bearbeitung dieses Werkes unter dem Titel: „Die Codification der römisch-deutschen Inschriften, oder der Codex inscript. roman. Danubii et Rheni" eine besondere Abhandlung 1869 publiciren, wozu vorläufig folgende Bemerkung nöthig erscheint, theils als Abwehr gegen einen im Vorworte zu Dr. Bramanns Codex inscript. Rheni von Professor Dr. Ritschl gegen den Codex inscript. rom. Danubii et Rheni des Jubilars **unberechtigt** erhobenen Tadel, theils als eine aus 25jährigen Studien desselben geschöpfte, von der des genannten Vorwort-Verfassers ganz verschiedene Ansicht über die wahre Beschaffenheit eines Urkundenbuchs lat. Inschriften.

Bei der so verschiedenartig sowohl graphischen als auch bezüglich auf Erhaltung und äußeren Zustand sichtbaren Beschaffenheit noch vorhandener römischer Inschriften, ganzer sowohl, als oft auf die mannichfaltigste Art (nach einem vom Jubilar darnach gefertigten Schema in 30 Hauptverschiedenheiten) defekt gewordener und — wenn hier doch noch für die Autopsie ein Zutritt möglich ist, diese (Autopsie) dagegen bei den zahlreichen nicht mehr vorhandenen, blos in den älteren Inschriftwerken in denselben verschiedenartigen äußern Formen (wie bei den vorhandenen) abschriftlich befindlichen hinwegfällt, reicht die einfache Copie vom Original nicht hin, die Texte des auf vorhandenen Denkmalen befindlichen Inschriften festzustellen, da es vorkommt, daß zwei und mehrseitig selbst von kundiger Hand gefertigten Copien nicht übereinstimmen, geschweige jene von nicht mehr vorhandenen Originalen, wenn dazu durch eine Schaar beigegebner zuweilen weit auseinandergehenden Varianten das Object noch undeutlicher wird.

Inschriftwerke dieser Art der einfachen Textvorlegung sind zwar verdienstlich, können aber von Historikern, Archäologen, Philologen, bei ihren Forschungen in dieser Ausstattung und Zubereitung, ohne daß sie sich oft bei in Frage stehenden Textstellen auf anderm mühsamen Wege dazu Aufschlüsse verschaffen müssen, (wie sie der Epigraphiker vom Fach aus dem reichen Vorrath seiner Belesenheit z. B. mittels der Analogie bieten kann) nicht gebraucht werden: sie sind mit einem Worte keine wahren epigraphischen Urkundenbücher, sondern nur Vorbereitungen, Anfänge dazu auf der ersten Stufe zur Feststellung der Texte, zumal da bis jetzt keines derselben anders als im Druck erschienen ist, bei welchem man sich zwar Mühe gibt mittels der Abschriften typisch künstlich das originale Aussehen der schwierigsten Stellen, Kürzungen, Ligaturen, Defektstellen zu versinnlichen, aber nicht immer mit voller Sicherheit. Zu den Erfordernissen eines ächten epigraphischen Urkundenbuchs gehören, so kann es der wissenschaftliche Fortschritt verlangen, bei den schwierigsten Stellen die von Photographen (wo örtlich zulässig), Zeichnern, Lithographen zu fertigenden Facsimilien; der übrige ganz deutliche und leichtere Theil bliebe dann in den bisherigen Händen der Copisten und Drucker. So lange jedoch die ganze Arbeit der Vorbereitung auf die bisherige Art geschieht, muß sich der wissenschaftliche Fortschritt in seinem die Texte fest=

stellenweis subsistokren Rechte behaupten, selbst wenn durch Facsimillen das Höchste erreicht werden würde.

Dieses Subsidium besteht, und hier gelangen wir zur zweiten Stufe, auf welcher die Ansichten Dr. Ritschl's und des Jubilars auseinandergehen, in der nach des letzteren Ansicht in specie zu bereitenden Arbeit der Textfeststellung mittels der Exegese und Analogie, welche die Resultate der kritischen Forschung theils in Noten zu den einzelnen Inschriften gibt, theils zum allgemeinen Commentar gehören. Aus diesem Verfahren gehen hervor: die den einzelnen Inschriften beizugebenden Lesungen, ihre (der defecten) Ergänzungen und bei den nicht mehr vorhandenen, wo nöthig, ihre Correctur. Da für diesen Hauptzweck das Sachliche der Inschriften besprochen werden muß, woraus zu gleicher Zeit Anhaltspunkte für Durcharbeitungen in Geschichte, Chronologie, Mythologie, Sprache, Paläographie, Culturalterthümer, Geographie entstehen, so empfiehlt es sich in hierzu vorbereitender Weise, das Augenmerk auch auf die Inschriften, worin nur für diesen Zweck genannter Kategorien Stellen vorkommen, zu richten und diese in Noten zu besprechen.

In einer großen Anzahl liegen die epigraphischen Arbeiten für den auf angegebene Weise speciell zuzubereitenden Theil lat. Inschriften vor und gehören als Zeichen des Fortschritts hierin der neuen Zeit an. Die Namen ihrer berühmten Verfasser sind: Janssen, Klein, Becker, v. Hefner, Knabl, v. Raißer, Lersch, Fiedler, Grotefend, Stälin, Zell, Jaumann, Catancsich, Gräff, Aschbach, Osann, Overbeck, Leichtler, Schumann, v. Steinbüchel, Muchar, Seibl, Arneth, Gaisberger, v. Sachen, v. Ankershofen, Pauly, Freudenberg, Urlichs, Düntzer, Deyks, Chassot v. Florrencourt, de Wal u. A. Die Arbeiten dieser Männer, welche den berechtigten Anforderungen wissenschaftlicher Kritik der Neuzeit entsprechen, wurden für den Codex des Jubilars zum Vorbilde genommen, der in dem wohl bald nachfolgenden Supplemente durch die dahin gesammelten zahlreichen exegetischen Arbeiten eine noch größere Bedeutung erhalten wird.

Unter Bezugnahme auf untenstehende Zeugnisse*) kann die

---

*) Graf Borabest zu Rom gab in den Annalen des archäologischen Instituts auf. (dessen actives Mitglied St. später geworden ist)

Ueberzeugung ausgesprochen werden, daß der exegetische Inhalt dieses bereits weit verbreiteten Codex seinen steten Gebrauch gleich dem der Arbeiten obengenannter Epigraphiker, den einfachen Werken der auf erster Stufe arbeitenden Sammler gegenüber, behalten wird, und daß sie alle beim Gebrauche solch nackter Sammelwerke zu Rathe gezogen werden müssen. Wir wiederholen

vol. XI. p. 128 f. unter dem Titel: Sulle iscrizioni romane del Reno del Prof. Steiner eine 34 Seiten große kritische Abhandlung heraus, in welcher der Verf. am Schlusse sagt: Ma ritornando par ultimo al eh Steiner non abbiamo inteso con extrema Soddisfazione, che dopo averci regulato le lapide del Reno delle quali abbiamo tenuto discorso mediti ora di darci equalemente quell de rive del Danubio, delle qual' idea non possiamo che ampiamente commendarlo e per quanto e in noi confortarlo alla seconda impresa nell ferme fiducia, che del son nuove lavore, siccome del praecedente altre e notizie di ogni genre, emergerame lumi ulteriori per correeggers ed umpliare la storia delle legioni.

Dominikus Zioramonti, päpstlicher Secretär der lateinischen Correspondenz zu Rom: Illustrissime Domine Domine colendissime. Ad Maximum Pontificem Pium IX. una cum Tuis humanissimis letteris quatuor volumina perlata fuerunt, quibus vetustos saeculi III et IV christianorum titulos seu inscriptiones colligere voluisti ac germanica lingua fusius explicare. Quo de studio jussus sum ab Sanctitate Sua Tibi gratulari, Illustrissime Domine, simulque multas pro librorum munere gratias persolvere. Quaedum facio occassionem libenter arripio ut Tibi meiobsequii sensus impense profitear ac fausta et salutaria omnia enixe precer a Domino. Tui Illustrissimi Domine humillimas et addictissimus servus Dominicus Zioramenti S. D. N. ab epistolis latinis. Hierbei die Bemerkung, daß St. drei Theile seines Codex und ein Heft seiner Sammlung altchristl. Inschriften eingeschickt hatte und aus Versehen des päpstl. Secretärs in diesem Schreiben nur des letztern Erwähnung geschah.

Geistlicher Rath, Stadtpfarrer und Mitglied der k. k. Staats-Prüfungs-Commission für das Fach der Geschichte, Dr. Knabl zu Graz. S. unten bei der Beschreibung des 50jährigen Jubiläumsfestes am 28 Juli 1858 die Stelle aus einem Schreiben desselben vom 22. Juli 1858 auf welches sich bezogen wird.

Regierungsdirector Ritter Dr. von Raiser zu Augsburg: Ihrem Fleiße, Ihrer Ausdauer und Kenntniß wird die Beendigung Ihres bis jetzt in den vorliegenden Theilen begonnenen werthvollen Codex inscript. rom. Danubii gelingen.

Darmstädter Zeitung von 1851 Nr 95. Vaterländische Literatur. Codex inscriptionum romanarum Danubii et Rheni. Th. 1 von Dr.

schließlich und rathen: nur auf dem bezeichneten Wege der Codification lat. Inschriften ist bei ihrer so eigenthümlich spröden Beschaffenheit, wodurch sie sich von andern mit solchen Fehlern nicht behafteten Urkunden, deren einfache Mittheilung schon genügt, so sehr unterscheiden, ihr, zu Gewinnung richtiger Texte und Bezeichnung ihres realen Inhalts für wissenschaftliche Durcharbeitun=

Steiner Seligenstadt 1851. Beachtung und Aufmerksamkeit verdient dieses Werk, in welchem Herr Historiograph Dr. Steiner mit bekannter gründlicher Gelehrsamkeit uns die erste Hälfte der steinernen Urkunden zu seiner Geschichte und Topographie der germanischen Provinzen vorführt. Solche Arbeiten behalten ewig ihren Werth und ehren nicht nur ihren Urheber, sondern auch selbst das Land, in welchem sie erzeugt wurden. Wir wünschen daher, sowohl um der Wichtigkeit, welche dieses Werk für die hessische und deutsche Geschichte hat, um ihrer trefflichen Ausführung willen, als auch wegen des von dem Herrn Verfasser gewählten Selbstverlags desselben eine recht weite Verbreitung und überhaupt die Anerkennung, welche sie so sehr verdient.

Darmstädter Zeitung von 1852 Nr. 87. Vaterländische Literatur. Codex inscriptionum romanarum Danubii et Rheni. Th 2. Inscriptiones Germaniae primae et Germaniae secundae. Th. 2. Bearbeitet von Hofrath Dr. Steiner. Seligenstadt 1851. gr. 8. — Mit um so größerer Freude begrüßt Referent die Fortsetzung obigen für die rheinische und hessische Geschichte so wichtigen Werkes, da das von ihm bei dem Erscheinen des ersten Theils (Darmst. Zeitung 1851. Nr. 95 S. 471) abgegebene Urtheil, nicht nur rücksichtlich seines Inhaltes, sondern auch in Bezug auf seine Bearbeitung, durch die günstigsten Kritiken anderer competenter Beurtheiler nachfolgend auf das ehrenhafteste ist anerkannt und bestätigt worden. Werke dieser Art, wenn auch nur dem Kenner und Forscher der Geschichte zugänglich und verständlich, behalten stets ihren Werth, haben aber leider eben deshalb das traurige Schicksal für ihre Bearbeiter, dem alle Quellenschriften mehr oder weniger anheim fallen, bei ihrem Erscheinen nicht die Unterstützung zu finden, die sie doch nicht allein in einem hohen Grade verdienen, sondern auch bedürfen. Achtung daher einem Manne, der dennoch mit Verläugnung des eigenen Interesses, fortfährt, ein Werk zu vollenden, das ohnläugbar zu den wichtigsten in dieser Branche gehört, welche die Neuzeit producirt hat. Dieser zweite Band bringt uns aber nicht nur die Inscriptiones des Großherzogthums Baden, der Preuß. Provinz Niederrhein und Jülich, Berg und Cleve, der Königreiche der Niederlanden und Belgien, vieler Museen und Sammlungen zu Leyden, Nymwegen,

gen ausgiebiger, Gebrauch möglich. Von diesem Standpunkte aus ist des Jubilars Codex zu beurtheilen und sein Werth als epigraphisches Urkundenbuch zu ermessen, demnach die hierüber ausgesprochene Ansicht des Vorworts zum Codex Bramann als eine verfehlte zu bezeichnen.

Blankenheim, Bonn, Köln, Brühl, Mainz, Wiesbaden, Darmstadt, Mannheim, Stuttgart München ꝛc., sondern auch viele schätzbare Zusätze zu dem ersten Bande, und überdies noch einen Theil des mit Sachkenntniß und Gelehrsamkeit geschriebenen Commentars Dem Ganzen den besten Erfolg wünschend, verweisen wir die Freunde der Geschichte auf die ausführliche Beurtheilung des ersten Bandes in der Zeitschrift des rhein Alterthumsvereins zu Mainz.

Archivrath Habel zu Miltenberg: Durch die gefällige Uebersendung Ihrer sehr schätzbaren neuen Bearbeitung und Erweiterung des Codex inscript. rom. Danubii et Rheni bin ich überrascht und freue mich, daß es Ihrer bewunderungswürdigen Ausdauer gelungen ist, den reichen durch die neueren Entdeckungen so vermehrten Stoff mit so viel Fleiß und Geschick noch selbst zu bewältigen.

Hofrath Dr. Warnkönig, Prof. der Rechte zu Freiburg: Es ist mir sehr angenehm, daß der mir von unserer Gesellschaft gewordene Auftrag mir Veranlassung gibt, Ew. Hochwohlgeb. als einen der gründlichsten Geschichtsforscher Süddeutschlands meine ausgezeichnete Hochachtung ausdrücken zu können.

Geh. Rath Dr. Schleiermacher: Das Werk, das Sie hier unternommen haben, gehört zu den sehr verdienstlichen, dessen Beendigung ich Ihnen von Herzen wünsche.

Prof. Dr. Osann zu Gießen: Ich freue mich, Veranlassung gefunden zu haben, einem so verdienten Manne meine aufrichtige Verehrung bezeugen zu können, zugleich unter der Versicherung, dasselbe nach Kräften überall, vornehmlich bei Förderung des von Ihnen mit so großer Aufopferung unternommenen Werkes Codex incript roman, bereitwilligst zu bethätigen.

Geh. Hofrath und Oberbibliothekar Dr. Jeter zu Darmstadt: Ihre von so großartigen als in kleinen musterhaft emsigen Forschungen müssen früher oder später volle Anerkennung finden.

Professor von Hefner zu München: Dem vierten Theile Ihres sehr verdienstlichen Codex ꝛc. sehe ich mit großer Erwartung entgegen. Derselbe in einem andern Schreiben: so werthvoll Ihr Codex ꝛc. ist, so konnte ich, da die Register noch nicht erschienen sind, bisher nicht den vollen Gebrauch davon machen.

Professor und Bibliothekar Dr. Merkel zu Aschaffenburg: Das von Ihnen zur Einsicht gesendete Exemplar Ihres sehr werthvollen

Eine aus diesem Codex gezogene Sammlung altchristlicher Inschriften des Donau- und Rheingebietes wurde auf mehrseitiges Verlangen als eine besondere Schrift mit der dazu gehörigen, ursprünglich für den Commentar des Codex bestimmten Erklärung ausgearbeitet und erschien im Jahr 1859.

Hinsichtlich der kleineren Monographien und Abhandlungen in Zeitschriften über auswärtige historische Gegenstände St., beziehen wir uns auf die hierüber in der Anlage befindlichen Verzeichnisse, aus welchen wir die Monographie „Sachsengräber" hervorheben,

Codex inscript. rom. Danubii et Rheni habe ich für die hiesige Hofbibliothek behalten und wird Ihnen der Preis demnächst übersendet werden.

Professor und Conservator des k. Museums der Alterthümer zu Leyden Dr. Janssen: Es liegen jetzt die 2 Th. Ihres Codex inscript. roman. vor mir, und ich habe beide mit großem Interesse und vielfacher Belehrung gelesen. Ich danke Ihnen für diese neue Gabe Ihres unermüdlichen Fleißes, womit Sie nicht nur mich, sondern die ganze epigraphische Wissenschaft zum Danke verpflichtet haben... und wünsche Ihnen Muse, Gesundheit und Ermunterung, Ihre Arbeit vollenden zu können.

Director des Antikencabinets Ritter Dr von Arneth zu Wien: Auf die Fortsetzung Ihres trefflichen Codex inscript. roman. bin ich sehr gespannt.

Professor Dr. Karl Klein zu Mainz: In den rh. Blättern von 1851 Nr. 109 am Schlusse eines Aufsatzes bezüglich auf die damals erschienenen Th. I und II des Codex ꝛc.: Im Ganzen ist das Buch eine schöne Bereicherung unserer vaterl. Literatur und verdient Allen, die sich um die röm. Denkmäler interessiren, empfohlen zu werden, indem es nicht nur die vollständigste derartige Sammlung ist, sondern auch Wissenschaftlichkeit mit populärer Darstellung zu vereinigen weis und so nicht wenig dazu beitragen wird, die Geschichte des Rheinlandes zu der Zeit der Römer unter uns bekannter zu machen.

Die Verleihung der k. k. österreichischen Gelehrten-Verdienstmedaille von Seiten Sr. M. des Kaisers Ferdinand II wurde dem Jubilar mittels folgendem Schreiben der k. k. österreichischen Gesandtschaft zu Darmstadt bekannt gegeben: Ew. Wohlgeboren habe ich das Vergnügen zu eröffnen, daß S. M. der Kaiser, mein Allergnädigster Herr, Ihren Codex inscript. roman. Danubii et Rheni mit Wohlgefallen aufzunehmen und Ihnen dafür die hier anliegende Gelehrten-Verdienst-Medaille in Gold zu bestimmen geruht haben.

Mit vollkommenster Hochachtung ꝛc. ꝛc.

Darmstadt, den 6. Mai 1844.   Frhr. v. Menßhengen.

als eine Arbeit, worin der Verfasser ~~zweier~~ 50jährigen Jubiläen die Gründung des deutschen Staatenbunds durch Acte vom 9. Juni 1815 und die Schlacht von Waterloo am 18. Juni 1815 mit gehobenem Gefühle eines deutschen Mannes in der Erinnerung an die herrliche Zeit der Befreiungsjahre 1813 bis 1815 feiert, da er als junger Mann dem Gange damals großartiger Zeitbegebenheiten mit Verständniß und regem Interesse folgen konnte, eine Zeit, welche uns das deutsche Volk in einer Größe und Vollkommenheit des einträchtigen, von jedem Parteihaber fernen Strebens zeigt, wie sie die neue deutsche Geschichte nur dieses eine Mal aufzuweisen hat, eine Zeit, in welcher man den Genius des deutschen Volkes, d. i. seinen Stämmegeist, als die einzig wahre Basis erkannte, worauf eine Verfassung gebaut werden kann, die ihrer Natur entsprechend, in der Föderation gefunden worden ist, und wodurch das deutsche Element geographisch föderal die weiteste internationale 50 Jahre lang respectirte Ausdehnung erhielt, wie sie wohl nie wieder so, wie sie war, zu Stande kommen wird. Die jetzigen Zustände werden ihre Heilung nur bei dem Erkennen der genannten wahren Basis durch die vereinigten Kräfte des hierzu haltenden freisinnigen und loyalen Theils der Nation erlangen.

Es ist natürlich, daß jede mehr oder weniger in die Oeffentlichkeit tretende literarische Thätigkeit sowohl im Interesse Derjenigen, die sich ihr widmen, als auch Anderer, welche davon Nutzen zu ziehen hoffen, oder überhaupt dafür gestimmt sind und einem Autor ihr Wohlwollen zu erkennen geben wollen, verhältnißmäßig zu gegenseitigen näheren Bekanntschaften, ja Freundschaften und Protectionen führen, aus deren Mitte bei persönlicher Annäherung auch briefliche Mittheilung erwächst, welche mit der Befriedigung, wenn auch mit Opfern und Schwierigkeiten ein Ziel erreicht zu haben, dem literarischen Leben die wahre Würze verleihen und den Fortschritt darin ungemein befördern. Aus dem reichen Inhalte einer großen Sammlung auf diesen Kreis bezüglicher Briefe an St., welche er seit dem Jahre 1820 angelegt und bis jetzt fortsetzte, haben wir für das Gesagte ein ihn ehrendes und den Abend seines Lebens erheiterndes Beispiel. Werth, schon der Namen ihrer Verfasser wegen, bekannt gemacht zu werben,*) babei von literarischem und manch anderm edlen persönlichen und Zeitinteresse, gedenket sie der Jubilar in einer angemessenen Auswahl zu publiciren, und können wir daher des Raumes wegen nur die Namen ihrer Verfasser mittheilen. Sie sind folgende I. des Inlandes: Geheimerath Dr. Baur, Pfarrer Bauer, Geheimerath Dr. Birnbaum, Kammerrath Brobrück, Dom=

---

*) Einige dieser Schreiben mögen vorläufig hier eine Stelle finden.
Viro praestantissimo Steiner M. Hassiae ducatus historiographo etc.
S. P. Fridericus L. B. ab Reiffenberg Liceat mihi sub Tuo patrocinio collegio Hassiae historico quaedam scripta obferre, Vobis prorsus indigna, sed verecundiae ac pietatis testimonium Hassiam enim inprimis amo, utpote qui originem duco ab isto Friderico Reiffenbergio, quem diligebat Magnanimus ille Philippus, quemque ut Landgravium, odio est persecutus Carolus Caesar V. Nunc operam navo cudendis olim Friderici Reiffenbergii germanicis versibus Gissae anno 1573 compositis. Sic, quantum potui, me Germaniae addictissimum reddo.

Vale vir praestantissime. Quae de Ludovico I. Hassiae Tuae restitutore, tam eleganter scripsiti, legi, relegi, miratus sum. Perge sic itur ad gloriam. Mihi fave carissime Steinerefa eque ut collegae Tui doctissimi mihi etiam favere dignentur. Valeto iterumque valeto. Bruxellis die Ral. oct MDCCCXLII.

Aus einem Schreiben des Geheimen Raths von Gerning: ... Herzlichen Dank für das neue Opus. Fruchtbarer Geist! cohibe venam rief auch mein Herder mir zu! Preiswürdig ist Ihr unermüdlicher Fleiß, den ich zugleich unserm höchstverehrten Großherzog anrühmte: Der Kretzenburger oder vielmehr Kreuzburger sollte nunmehr Darmstädter werden und historiographiren und die Alterthumsgesellschaft ins Leben führen. Das ist auch unseres einsichtsvollen Herrn Generallieutenants v. Weyhers Ansicht, der Sie sehr schätzt. Huldvoll war die Antwort des Großherzogs, der mich schon seit 36 Jahren kennt und zuerst in Weimar sah, meinem Blüthengarten, als ich das dritte Mal von Italien zurück war. Im »Wilhelminen=Monat« bin ich wie gewöhnlich in Darmstadt, um dort wieder aufzuwarten und meinen alten Freund Schleiermacher und seinen Sohn zu begrüßen.

Aus einem andern Schreiben: Glück und Gedeihen auch zur baldigen Durchforschung des Spessartspfahlgrabens und wo möglich bis Pförring an der Donau. Seinen Umriß bis dahin von Wyk de Durstede an, glaube ich wohl nicht unrichtig bezeichnet zu haben, besonders am Taunus, wo ich ihn zu Pferd und zu Fuß eifrig und froh durchtrabelte. Dank Ihnen, daß Sie in der Hanauer Zeitung

Capitular Dahl, Generallieutenant Frhr. v. Dalwigk, Minister-Präsident Frhr. Dr. v. Dalwigk, Professor Dr. Diefenbach, Geh. Staatsrath Dr. Eigenbrodt, Graf Franz zu Erbach-Erbach, Geheimerath und Oberbibliothekar Dr. Feder, Frhr. v. Friedrich, Kammerdirector Geyger, Staatsminister v. Grolmann, Geheimerath v. Gruben, Rentmeister Großmann, Steuercommissar Grüninger,

auch meiner deßhalb erwähnten, a lauduto laudari! Wäre ich noch in Ihrem Alter, ich machte die Untersuchung mit Aber non sum qualis eram, singula de nobis anni praedantur cuntes etc., so sagte mein Horaz mit Recht. Herzlich freuen soll es mich, Sie und Ihre so gute Frau Gemahlin im nächsten Sommer in meinem lieben Taunium (Kronberg, wo v. G. eine Villa besaß) wieder zu sehen und zu bewirthen."

In einem andern Schreiben bemerkt v. Gerning: "Ich darf mit Wahrheit sagen 1) den germanischen Ursprung des Ringwalls am Taunus mit dem seel. alten Habel zugleich behauptet zu haben, der 1804 mich in Homburg besuchte, wo unsere Ansicht zur Basis unserer antiquarischen Freundschaft wurde, 2) die örtliche Untersuchung des Pfahlgrabens von Wehrheim und Homburg bis Ems und weiter bis hinter Neuwied und gegen das Siebengebirg hin, 3) die Entdeckung, daß er nicht bei Braubach an den Rhein zog, sondern weiter fort bei Ems, 4) die Salburg als Castell des Drusus im Cattenland bezeichnet zu haben, 5) Cäsars Rheinübergang bei Bonn oder Neuwied . . . Der ewige Taunus grüßt mit der Schneeglatze Ihre unsterbliche Gersprenz.

Aus einem Schreiben des Regierungsdirectors Ritter v. Raiser zu Augsburg, d. d. Aschaffenburg den 9. Sept. 1842. Wie ich aus der Biographie dieses großen Ludewig I. ersehen habe, so muß dieses die wichtigste Periode der selbst durchlebten ewig welthistorisch bleibenden Zeit auf das erschöpfendste abhandelnde Werk dem Verfasser so zahlreicher historischer Schriften eine vaterländische und deutsche Bürgerkrone bringen . . . . Die proponirte Zusammenkunft im schönen Busch möchte bei abnehmender Wärme des Tags zu viel von der Witterung abhängig sein, und lade Sie daher auch Namens meines Sohnes und meiner Schwiegertochter ein, uns wieder, wie im vorigen Jahre die Ehre zu schenken, ein gewöhnliches aber durch freundschaftliche Gefühle gewürztes Mittagsmahl anzunehmen."

Der schönen historischen Preisschrift Ew. W. mit dem Motto „Laudas fortunam et mores antiquae plebis" ist eine akademische Medaille von 12 Dukaten zuerkannt worden. Ich ersuche Sie, mich gütigst in Kenntniß zu setzen, auf welchem Wege ich Ihnen diese zusenden soll und verbleibe mit der größten Hochachtung und

Regierungsrath Harby (Vater), Regierungsrath Harby (Sohn, Schüler des Jubilars), Professor Dr. Hesse, Finanzminister von Hofmann, Professor Dr. Klein zu Gießen, Professor K. Klein zu Mainz, Geh. Staatsrath Dr. Knapp, Gymnasiallehrer Dr. Lange, Geh. Legationsrath Frhr. von Leonhardi (Sohn), Oberbaurath Dr. Lerch, Geheimerath v. Löhr, Hofbibliothekdirector Dr. Mitzenius, Hofgerichtsdirector v. Minningerod, Geheimerath Dr. Nebel (Vater), Pfarrer Nebel (Sohn), Oberst-Kammerherr Frhr. v. Norbeck zur Rabenau, Kreisgerichts-Vicepräsident Dr. Schaab, Geheimerath Schleiermacher (Vater), Geheimerath A. Schleiermacher (Sohn), Prälat, Professor und Historiograph Dr. Schmidt, Pfarrer Dr. Eduard Scriba, Geheimerath Siebert, Geheimerath Strecker, Pfarrer Schuknecht, Cabinetsbibliothek-Director Dr. Walther, Generallieutenant Frhr. von Weyhers, Hofgerichtsdirector Weller, Hofrath Wagner, Geh. Staatsrath v. Wreden, Gymnasialdirector Dr. F. G. Zimmermann (Vater), Geheime Staatsrath Dr. F. Zimmermann (Sohn), Prälat Dr. C. Zimmermann (Sohn), Geheimerath G. Zimmermann (Enkel). II. des Auslandes: Professor Dr. Bärsch zu Hanau, Oberzollbeamte Boller zu Würzburg, Pfarrer Calaminus zu Hanau, Landrichter Engelhard zu Alzenau, Professor Dr. Fiedler zu Wesel, Archivdirector Dr. Friedemann zu Idstein, Geheimerath von Gerning zu Frankfurt, Superintendent Dr. Großmann zu Leipzig, Archivar Habel zu

---

Ergebenheit E. W. ganz eigener Diener und Freund v. Westenrieder, k. Geheimer Rath, hiesiger Domkapitular und v. Z. funktionirender Generalsecretär der k. Akademie.

Aus einem Schreiben des Hochw. Bischofs von Fulda, Johann Leonhard, vom 28 Juli 1878. Komme ich wieder nach Großstroßenburg, dann wird es mir eine Angelegenheit sein, Ihre persönliche Bekanntschaft zu machen. Nur bitte ich E. W. Ihre Kräfte zu schonen und sich nicht allzusehr anzustrengen, wie ich aus dem Verzeichnisse der Arbeiten befürchte, welche Sie seit dem verflossenen Winter wieder angelegt und theilweise schon beendigt haben. Erhalten Sie Sich so nützlichen Beschäftigungen noch lange, für die so Wenige mit den nötigen Kenntnissen und Fertigkeiten versehen sind. Gott stärke und erhalte Sie dazu. Kann ich Ihnen durch meine Empfehlungen nützen, so dürfen Sie derselben eben so versichert sein als der Hochachtung und Verehrung, womit ich verharre E. W. ergebenster Diener ꝛc.

Miltenberg, Senator v. Holzhausen zu Frankfurt, Oberförster Hauk zu Fulda, Staatsrath v. Hefner zu Aschaffenburg, Professor Dr. v. Hefner zu München, Professor Dr. Justi zu Marburg, Geistlicher Rath, Stadtpfarrer Dr. Knabl zu Gratz, Revierförster Dr. Mabler zu Miltenberg, Bischof Leonhard Pfaff zu Fulda, Hofgerichtsadvocat von der Nahmer zu Wiesbaden, Regierungs-Director Ritter von Raiser zu Augsburg, Archivdirector v. Reissenberg zu Brüssel, Professor Dr. Lippert zu Würzburg, Staatsminister Graf Benzel Sternau zu Emnrichshofen, Freiherr von Waitz daselbst, Geheimerath v. Schelling zu München, Pfarrer Schlicht zu Wächtersbach, Pfarrer Vogel zu Kirberg, Geheimerath v. Weiller zu München, Geheimerath von Westenrieder das.

An dieser Stelle gedenken wir mit der Pflicht treuer Relation alles Dessen, was zum literarischen Wirkungskreise des Jubilars gehört und wie noch Anderes aus Anlaß einer Jubelfeier nicht übergangen werden dürfte, der ihm von verschiedenen Seiten des In- und Auslandes her zu Theil gewordenen Belohnungen und Auszeichnungen. Goldene Verdienst-Medaillen für Kunst und Wissenschaft verliehen ihm: S. M. der Kaiser Ferdinand II. von Oesterreich Wilhelmo Steiner de literis merito (Anlage 3), S. M. der König Friedrich Wilhelm III. von Preußen (Anl. 4), S. M. der König Karl XIV. Johann von Schweden illis quorum meruere labores (Anl. 5), S. M. der König Maximilian I. von Bayern ingenio et industriae (Anl. 6), S. M. der König Ludwig I. von Bayern für Verdienste (Anl. 7), S. H. der Herzog von Nassau für Kunst und Wissenschaften (S. 23, N.), J. M. die Königin Therese von Bayern zum Andenken (Anl. 8); eine goldene Preismedaille die k. Akademie der Wissenschaften zu München rerum cognoscere causas (f. Note S. 33); Brillantringe verliehen: S. M. der Kaiser Alexander I. von Rußland (Anl. 1), S. M. der König Christian von Dänemark (Anl. 10); eine kostbare Tasse mit dem Bildnisse des hohen Schenkgebers S. K. H. des Prinzen Wilhelm von Preußen, Bruder S. M. des Königs Friedrich Wilhelm III. von Preußen, Vater J. K. H. der Prinzessin Karl von Hessen (Anl. 18); das Ritterkreuz 1r Klasse des Großh. Hess. Philippsordens verlieh S. K. H. Großherzog Ludwig III. von Hessen (Anl. 17); eine Tabatiere von Silber mit Goldplättchen, auf welchem folgende Inschrift steht: dem Herrn Hofrath Dr. Steiner auf Ludewigshaus zu seinem 50jährigen Dienstjubiläum am 28. Juli 1858, gewidmet von seinen Freunden zu Seligenstadt, Steinheim ꝛc., als Zeichen herzlicher Theilnahme und Liebe. (S. 52); die juristische Facultät der Universität Gießen ertheilte ihm 1832 mit den Worten: „juris consulto celeberrimo, historiae scrutatori sagacissimo" das Ehrendiplom eines Doctors der Rechte*) und die philosophische Facultät derselben Universität i. J. 1858 mit den Worten: solertissimo rerum gestarum tom germanicarum quam romanarum scrutatori multisque nominibus de illustranda patria historia merito das Ehrendiplom eines Doctors der Philosophie und Magisters der freien Künste. Dieses schöne Diplom ist auf Pergament gedruckt und zum Zeichen der höheren Solennität bei der Feier eines Jubiläums mit dem in einer metallenen Kapsel am weiß und rothen Bande angehängten größeren Universitätssiegel versehen. Das antike dem Jahre 1607 als dem der Stiftung der Universität angehörige Siegel enthält um das Bild des Stifters Landgrafen Ludwigs V. von Hessen-Darmstadt die Umschrift: Auspice Ludovico Dei gratia Landgravio Hassiae. Sigillum Academiae Giesensis anno 1607. (s. Nebel Gesch. der Univ. Gießen S. 15). Die k. Akademie der Wissenschaft zu München, welcher der Jubilar seit 1832 als correspondirendes und von 1856 an als ältestes Mitglied der historischen Klasse

---

*) Das Diplom war von folgendem Schreiben des Geh. Rath Prof. Dr. von Löhr begleitet: Hochwohlgeborener Herr. Hochzuverehrender Herr Hofrath! Ew. Hochwohlgeboren haben die Erinnerung an die Zeit Ihrer Studien durch ein Geschenk Ihres literarischen Werks freundlich ausgesprochen. Dies hat die juristische Facultät veranlaßt, die Verdienste unseres ehemaligen gelehrten Mitbürgers öffentlich ehrend anzuerkennen und Ihnen als Zeichen der Freude, welche uns Ihre Erinnerung verursacht hat, und als Andenken der früheren Zeit das Diplom eines Doctors beider Rechte honoris causa zu ertheilen. Es gereicht mir zum besonderen Vergnügen, daß ich als Decan der Facultät beauftragt bin, Ihnen die betreffenden Papiere dankend zu übersenden und daß ich hierdurch die Gelegenheit erhalte, Ihnen brieflich die vorzügliche Achtung auszusprechen, mit welcher ich zu beharren die Ehre habe. Ew. Hochwohlgeb. gehorsamster Dr. von Löhr. München, den 8. April 1832.

angehört, übersandte ihm mit Begleitschreiben im Juli 1858 auf
die Feier seines 50jährigen Dienstjubiläums ein prachtvoll aus=
gestattetes Gratulations= und Ehrenbiplom, auf welchem folgende
Inschrift, die ihn als socius, mithin als wirkliches Mitglied der
Akademie bezeichnet, steht:
Q. B. F. F. Q. S.
Viro clarissimo
Joanni Guilielmo Christiano Steiner
Dr Philos. Magni Duci Hassiae a consiliis aulicis et
socio suo honoratissimo
diem XXVIII mensis Julii hujus anni, quo die decem lustra
in publico munere feliciter et maxima cum laude transegit
Academia literarum regia Monacensis pie gratulatur atque
validae senectutis dulce otium ex animo exoptat Monachii
mense Julii a. MDCCCLVIII.
Friedericus Thiersch pt. Academiae praeses.

Zu beiden Seiten dieser Inschrift stehen hohe Kandelaber
mit brennenden Lichtern je einem Hippogryphen und den Bildnissen
des Plato, Aristoteles, Keppler und Leibnitz. Ueber der Inschrift
schwebt eine schöne weibliche Figur mit blonden Haaren und blauen
Augen, in ihrer Rechten ein Sehrohr, in der Linken ein Senkblei
haltend, im Himmelblau von Wolken getragen, welcher zwei
Genien Kränze überreichen. Zu ihren Füßen steht der akademische
Wahlspruch: verum cognoscere causas. Unten die Wappen
des Königreichs Bayern und der Stadt München, die man, in
der Ferne gelegen, erblickt. — Zum Ehrenmitgliede historischer
Vereine wurde er ernannt: von dem archäologischen Vereine zu
Rom, den hist. Vereinen zu Augsburg, Bamberg, Halle, Hannover,
Hohenleuben, Meiningen, München, Rottweil, Sinsheim, Wetzlar,
Wiesbaden, Würzburg; zum correspondirenden Mitgliede der
historischen Vereine zu Altenburg, Berlin, Kassel, Leyden, Lübeck,
Mainz, Minden; zum activen von dem Vereine zu Bonn, sodann
i. J. 1866 gleichzeitig mit seinem Freunde, dem Hofrath Wagner
zu Roßdorf, wie dieser zum Ehrenausschußmitgliede des histor.
Vereins f. d. Großh. Hessen.*)

---

*) Die Quartalblätter des hist. V. f. d. Großh. Hess. v. 1866 berichten
hierüber: die Versammlung (Hauptversammlung am 10. Dec. 1866)

Zur Notiz für die Nachkommen möge hier noch bemerkt werden, daß auf Wunsch und Nachsuchen der Gemeinde- und Kirchenvorstände in die Urkundsteine folgender Neubauten als Geschenke des Jubilars eingelegt worden sind: Kirche zu Urberach (erbaut von Baudirector Moller) 1 Exempl. der Geschichte von Seligenstadt, des Freigerichts und Bachgaues; Kirche zu Mainflingen (erbaut von demselben) 1 Ex. der Gesch. von Seligenstadt, des Bachgaues; Rathhaus zu Seligenstadt (erbaut von Geh. Oberbaurath Dr. Lerch) 1 Ex. der Gesch. von Seligenstadt, des Bachgaues nebst einer von St. verfertigten auf Pergament geschriebenen Urkunde, bei welcher Gelegenheit Bürgermeister Goi die auf diesen Bau geprägten Denkmünzen austheilen ließ; Schulhaus daselbst (erbaut von Kreisbaumeister C. Eikemeier) 1 Ex. der Gesch. von Seligenstadt, des Rodgaues; evangelische Kirche daselbst (erbaut von demselben) 1 Exempl. der Geschichte Ludewigs I., Großh. von Hessen, nebst einer von St. verfertigten auf Pergament geschriebenen Urkunde; katholische Kirche zu Kleinwelzheim (erbaut von demselben) 1 Exempl. der Gesch. des Rodgaues; kath. Kirche zu Hainstadt 1 Ex. Rodgau; Kapelle auf der Liebfrauhaide bei Kleinkrotzenburg 1 Ex. Mathilde, Großherzogin von Hessen rc.

C.

Zum Schlusse einige Worte über des Jubilars bisheriges Wirken auch noch in andern außerhalb oben (A. B.) genannter Berufsarbeiten liegenden Kreisen seiner vielseitigen Thätigkeit.

Nicht zu gedenken Dessen, daß er, um freie Zeit des Tages für historische Arbeiten zu gewinnen, oft weit in die Nächte hinein mit anwaltlichen Elaboraten beschäftigt war, es geschah dieses auch zu verschiedener Zeit Jahre lang des Unterrichts seiner eigenen Kinder, sowie dabei jener mit ihm befreundeten Eltern wegen.

---

ernannte die langjährigen Mitglieder des Ausschusses, Hrn. Hofrath Dr. Steiner und Herrn Hofrath Wagner, die aus äußern Gründen seit Jahren verhindert gewesen sind, an den Sitzungen des Ausschusses Theil zu nehmen, in Anbetracht der großen langjährigen Verdienste um den Verein zu „Ehrenausschußmitgliedern."

Die Anregung zur Stiftung einer evangelischen Kirchen-Gemeinde zu Seligenstadt, Steinheim mit Umgegend ging allein von unserm Jubilar aus, indem er im Jahre 1824 hierzu den Anfang gemacht und seit dieser Zeit bis zum Jahre 1847, dem Zeitpunkte der Einweihung der auf Kosten des Gustav-Adolph-Vereins erbauten evangel. Kirche zu Seligenstadt,*) anfangs mit

---

*) Zur Erinnerung an das Fest der Kirchweihe (24. September 1847) theilen wir folgendes Schreiben des Superintendenten Professor Dr. Großmann zu Leipzig an den Jubilar mit: E. W. haben die Güte gehabt, mir bei Gelegenheit der Kirchweihe in Seligenstadt durch freundliche Mittheilung Ihrer trefflichen Schrift über Gustav Adolphs Anwesenheit an jenem Orte einen Aufschluß zu geben, der für mich das höchste Interesse hat. Daß die Urgeschichte dieser Stadt mit der Römerzeit und mit der Geschichte Karl's des Großen in so vielfacher Beziehung stehe, war mir, dem Fremdlinge, bisher völlig unbekannt und ich bedauere nur, daß die Kürze der Zeit mir nicht gestattete, von sämmtlichen Localitäten der Stadt mehr als den Laurentiusplatz und die Laurentiuskirche darauf anzusehen. Des großen Glaubenshelden Gegenwart gerade an dem Platze der neuen Kirche war mir ebenfalls etwas Neues und hat das Interesse an der schönen und unvergeßlichen Festfeier nicht wenig bei mir und den anwesenden Central-Vorstandsmitgliedern erhöht. Empfangen E. W. für die so reiche und anziehende Belehrung, die wir aus Ihrer Schrift geschöpft, meinen wärmsten und verbindlichsten Dank, mit der Versicherung, daß wir Ihren gründlichen Forschungen in den verborgenen Schachten der vaterländischen Geschichte den glücklichsten Fortgang und die vollste Anerkennung von ganzem Herzen wünschen. Gerade darin liegt ein Segen der Generalversammlungen des Gustav-Adolph-Vereins, daß sie dazu sehr wesentlich beitragen, uns Deutsche mit unserm großen herrlichen Vaterlande bekannt zu machen und die einzelnen Völkerschaften desselben mit einander immer mehr zu befreunden. Gewiß hat der moralische Sieg, den die gute Sache des Vereins durch Anerkennung seiner kirchlichen Qualität in Darmstadt davon getragen, auch Ihre volle Theilnahme erregt. Aber ich bin fest überzeugt und erkenne das deutlich an mehreren Merkmalen, daß der deutsche Patriotismus daran einen wesentlichen Antheil gehabt und daß der Pfarrer Le Grand aus Basel eine tiefe, beherzigungswerthe Wahrheit ausgesprochen, als er uns beim Festmahle in Seligenstadt mit Begeisterung zurief: „haltet fest an Gottes Wort und hütet Euch vor dem menschlichen Weisheitsdünkel! Haltet fest an Euren Fürsten und danket Ihnen für Eure glückl'che Verfassung! Haltet fest an deutscher Sitte und lasset

Beihülfe seines Freundes, des Pfarrers Dr. Eduard Scriba, (durch Schaffung eines Fonds von 200 fl. aus eigenen Mitteln, als dem Erlöse hierzu bestimmter Bücher seines Selbstverlags *), Einsammlung der Beitrittserklärungen aller hier zerstreut wohnenden evangelischen Christen), später in Gemeinschaft mit Landrichter Berchelmann und Rentamtmann Melchior, deren bereitwilligen Bemühungen und eigenem großen Kostenaufwande die Gemeinde so Vieles zu verdanken hat, unterstützt von Außen, sich hierbei thätig bezeigt hatte, wie dies Alles in der oben angeführten Schrift „Gustav Adolph in Seligenstadt", worin die Namen der Beförderer und Mitstifter, unter ihnen insbesondere Prälat Dr. Zimmermann verzeichnet stehen, näher dargelegt ist. **)

Euch nicht durch die Wälschen bethören! Mit aufrichtiger Verehrung verharrend E. W. dankbar ergebenster Dr. Großmann. Darmstadt, im Augenblick der Abreise, den 26. September 1817.

*) Aus dem Erlöse einer Anzahl geschenkter Exemplare eigenen Verlags seiner Biographie der hochseligen Großherzogin Mathilde v. Hessen erhielten bei andern Gelegenheiten: Der Baufond für die Kapelle auf dem alten Friedhofe zu Darmstadt (wo so viele seiner Theuren: beide Eltern, sein Lehrer J. G Zimmermann, sein ältestes Kind und sein Schwager Otto ruhen) 8 fl.; der Verein für Pflege der verwundeten und kranken Soldaten im Felde 25 fl.; der Invaliden-unterstützungsverein 52 fl. baar, 5 fl. Ausstand und 81 Exemplare dieses Werkes zur Disposition. Das Geschenk bestand aus 139 Er., wofür der Verein folgendes Schreiben vom 14. Decbr. 1866 an den Jubilar richtete: Ihre geehrte Zuschrift vom 1. l. M. brachte uns die erfreuliche Nachricht, daß Sie den Erlös von 139 Exempl. Ihres Werkes: Mathilde, Großherzogin von Hessen — unserm Verein zuwenden wollen. Wir wissen die reiche Gabe, welche Sie hiermit nothleidenden Kriegern zuwenden, im vollsten Maße zu würdigen und drücken Ihnen dafür unsern verbindlichsten Dank aus.

**) Wir gedenken hierbei auch noch der Verdienste zweier Männer: des großh. Steuercommissärs Grüninger und des Rentmeisters Großmann zu Groß-Steinheim, welche sich dieselben um die evangelische Gemeinde daselbst dadurch erworben haben, daß sie zur schönen und zweckmäßigen Herrichtung des dortigen kirchlichen Lokals im Schlosse, Anschaffung eines werthvollen Altartuches, silberner Gefäße u. A., theils aus eigenen Mitteln, theils durch einflußreiche Empfehlung der Sache bei verschiedenen Versammlungen des Gustav-Adolph-Vereins und andern dafür erwärmten Personen, reichlichen Fond einbrachten.

Die Uebersiedlung St. von Seligenstadt nach Kleinkrotzen=
burg *) im Jahr 1825, veranlaßt durch Ankauf des der Abtei
Seligenstadt vormals gehörigen Hofhauses daselbst und der
Wunsch, seiner Advocaturgeschäfte wegen näher bei Steinheim,
dem damaligen Landgerichtssitze, wohnen zu können, hatte bei
seiner Vorliebe zum Landleben die Einrichtung einer Oekonomie
zur Folge, durch welche er Gelegenheit fand, der Gemeinde Klein=
krotzenburg unter der Leitung und Genehmigung des Großherzogl.
Kreisraths zu Offenbach (jetzigen Provinzialdirectors v. Willich
zu Darmstadt), des Regierungsrathes Dr. Zeller und Geometers
Müller, sowie des Bürgermeisters Zilg nützlich zu werden, wie im
Programm vom Jahre 1858, S. 51 näher angegeben wird.

Der Ankauf zweier hier liegenden ehemals abteilichen Gärten
von 12 M. mit Mauer umgeben und anderer Grundstücke setzte
ihn sofort in Stand, mehrere Jahre lang ein starkes Gut be=
wirthschaften zu können, wodurch ihm jedoch späterhin bei Ver=
mehrung seiner Berufsarbeiten eine allzu hinderliche Last aufge=
bürdet erschien. Er entledigte sich daher derselben durch Verkauf
all seiner Grundstücke und des Hofhauses bis auf einen der
beiden Gärten am Main, in welchem er ein neues Wohnhaus
mit Nebengebäuden aufführen ließ. Dieser Landsitz, den er seit
1838 bewohnt, erhielt den Namen „Ludewigshaus", zum Andenken
an den Höchstsel. Großh. Ludewig I., dessen Geschichte er hier schrieb.

Die Zeit von 1838 bis 1859, während welcher er diese
reizende Besitzung im Genusse der Natur und schönen Umgegend
am Main, in der Bearbeitung des Gartens mit seinen ausge=
zeichneten Reben = und Baumanlagen, die er eigenhändig anlegte
und pflegte, **) in zahlreichen wissenschaftlichen Arbeiten seines

---

*) Dieses am linken Mainufer liegende Pfarrdorf kommt in alten Ur=
kunden unter dem Namen: Crucenburg (von Crux das Kreuz) vor.

**) Außerdem beschäftigte sich St. mit der Erziehung und dem Verkaufe
exotischer Gewächse, unter welchen er sich vorzugsweise mit Orangen=
bäumen beschäftigte, die er vom Kerne an in großer Menge hoch=
stämmig zu erziehen und zu veredeln verstanden hat. Gegen 350
dieser Hochstämme von 10—12jährigem Alter, welche meistens bereits
Früchte trugen, hat derselbe in die benachbarten Städte verkauft und
auch S. K. H. der Großh. Ludwig III. von Hessen ließ davon für den
Hofgarten zu Darmstadt eine Anzahl durch den Großh. Garten=
Director Schnittspahn kaufen.

Berufs und im Umgang mit vielen seiner dortigen Freunde und
Gönnern,*) bewohnt hatte, gehört nach seiner Versicherung, zu

---

*) Dahin zählt Jubilar folgende Personen und ihre Familien. 1) zu
Seligenstadt: Oberforstmeister Frhr. von Norded zur Rabenau,
Regierungsrath Hardy (Vater und Sohn), Kreisarzt Dr. Alsfeld,
Forstcontroleur Ahn, Apotheker Binsack, Stadtrath Reuß, Landrichter
Berchelmann, Rentamtmann Melchior, Landgerichtsassessor Brobrül,
Gerichtsaccessist Weis (jetzt Stadtgerichtsassessor zu Darmstadt),
Bürgermeister Goi, kath. Pfarrer Leimbach, ev. Pfarrer Scriba
(jetzt zu Lais), ev. Pfarrer Engel (jetzt zu Großzimmern), sodann
die Stammgäste des Wirthshauses zum Hirsch daf., in der nach dem
Namen der verehrten Besitzer (Kipper Vater und Sohn) daselbst
ein- und ansässig gewordene, noch jetzt florirende Gesellschaft
„Kipperiana" genannt, aus welcher Jubilar in dankbarer Erinnerung
an sein 50jähriges Dienstjubiläum das Personal des Comités: die
Herren Rentamtmann Fay, Kreisarzt Dr. Geromont, Forstmeister
Herpel (jetzt zu Friedberg), Steuercommissär Rau, hier nennt;
2) zu Babenhausen: die Herren Pfarrer Schuknecht (jetzt zu Nauheim), Hauptmann Hisserich (jetzt zu Darmstadt); 3) zu Groß-
Steinheim: Rentmeister Großmann auf dessen reizender Besitzung
„die Sternau", Steuercommissär Grüninger in seiner anmuthigen
Gartenwohnung am Main, Oberförster, jetzt Forstmeister Ulrich (jetzt
zu Büdingen) in der gemüthlichen, waldesliebtlichen Fasanerie, alle
diese drei oft die Sammelplätze gastlicher und heiterer Unterhaltung;
4) zu Hanau: Herr Schlicht nebst Familie, unter dieser ein Sohn
Pfarrer zu Wächtersbach, Pfarrer Calaminus, Redacteur Kittsteiner,
in dessen Offizin alle seit 1858 erschienenen Werke gedruckt wurden;
5) zu Großkrotzenburg: kath. Pfarrer Kolbinger, Schullehrer, Or-
ganist und Componist Schratz; 6) zu Emmrichshofen: Graf Wenzel-
Sternau, Freiherr von Waiz; 7) Baurath Eikemeier, evangelischer
Pfarrer Heber; 8) Aschaffenburg: Regierungsdirector Dr. v. Maiser.
Allen diesen bot in schöner Jahreszeit die Villa Ludwigshaus ihre
Räumlichkeiten dar. Unter den obengenannten Personen bestand je-
doch noch ein engerer Kreis für gegenseitige Besuche, wohin die
Freunde Berchelmann, Melchior, Scriba aus Seligenstadt; Groß-
mann, Grüninger, Ulrich aus Großsteinheim; Schuknecht, Hisserich
aus Babenhausen; Schratz (als gleichalteriger und lebensdauerhafter
College Steiner's wie dieser „Eckstein" genannt) aus Großkrotzenburg,
Eikemeier aus Offenbach gehörten.

In Folge gleicher Liebe für das Landleben sowie für Garten-
besitz und Villenanlagen bestand unter Großmann auf „Sternau",
Grüninger im „Mainzgarten", Steiner auf „Ludwigshaus" ein
engeres Bündniß zu gegenseitigen Besuchen unter manch anderen

der schönsten seines Lebens und seiner vollen Manneskraft.*) Um wegen des Unterrichts seiner zwei jüngsten Kinder näher bei

---

freundschaftlichen Beziehungen in jeder Lage des Lebens. Beide hat die Hand des Todes zu früh dahin gerafft, ihre Besitzungen befinden sich in fremden Händen und trauernd mit den Hinterlassenen beider jungen Männer, steht der um 25 Jahre ältere Jubilar nun allein da, mit ernsten, tief in das Gemüth gehenden Lebensbetrachtungen, welche nur gefühlt, kaum mit Worten beschrieben werden können, wenn noch hinzukommt, daß von den oben genannten und weiter unten zu nennenden Freunden und Gönnern kaum der dritte Theil ihrer Zahl noch gegenwärtig bei Leben ist.

Gehen wir weiter hinaus über den vorherigen Wohnkreis des Jubilars am Main, so finden wir ihn auf seinen früheren Reisen als willkommener Besuch bei Revierförster Dr. Mahler zu Miltenberg, Hofrath Wagner zu Roßdorf, Pfarrer Dr. E. Scriba zu Meffel (seinem intimen Freunde), Gymnasial-Director Dr. F. G. Zimmermann, Staatsrath F. Zimmermann, Geh. Staatsrath Dr. Eigenbrodt, Geh. Staatsrath Frhr Dr. von Linde, Geheimerath Dr. Feder zu Darmstadt, Professor Dr. Diefenbach zu Friedberg, Professor Dr. Klein zu Gießen, Senator Freiherr von Holzhausen, Geheimerath Freiherr von Gerning zu Frankfurt, Oekonomierath Böch zu Ludwigshafen. Bei vorgerücktem Alter muß er sich jedoch gegenwärtig zur Schonung seiner Gesundheit auf kleine Spaziergänge beschränken, z. B. im Parke der schönen Mathildenhöhe zu Darmstadt, wozu ihm S. K. H. der Großherzog mittels Zustellung eines Schlüssels freien Zutritt huldreichst gestattet haben, und dabei in der freudigen Hoffnung leben, Besuche zu erhalten (statt seiner Seits dergleichen abzustatten) wie dies bereits von hiesigen Freunden und Bekannten, sowie von den auswärtigen Herren: Prof. Dr. Karl Klein zu Mainz, Hofrath Wagner zu Roßdorf, Dr Mahler zu Miltenberg geschieht. Zu Hause im Kreise der Seinigen stets heiter und lebensfroh, arbeitet er am Schreibtische fortwährend mit demselben wissenschaftlichen Interesse unermüdlich geistesfrisch, wie von jeher.

*) Aus einem Schreiben des Geh. Staatsraths und Bundestagsgesandten Frhrn. von Linde zu Frankfurt an den Jubilar, d. d. 16. Juli 1863: „Wie oft habe ich Sie in Ihrem Tusculum Ludwigshaus beneidet, wo meine Phantasie den Inhalt der Oratio Alfii von Horaz, Beatus ille etc. stets mit neuem Reize auszustatten wußte, wenn Ihre Schriften mich aufs angenehmste davon überzeugten: scribendi recte sapere est et principium et fons, denn mein Urtheil über Ihre Leistungen fand ich stets so wahr ausgedrückt in dem: omne tulit punctum, qui miscuit utile dulci lectorem delectando pariterque

Hanau zu wohnen, verließ er diesen ihm so lieb gewordenen Wohnsitz im Jahre 1859 und zog nach Groß-Steinheim, von wo aus er ihn überwachen konnte, während er einen Theil des Gartens verkauft und einen Theil desselben beim Wohnhaus gelassen und vermiethet hatte. Nachdem der Zweck seines Wohnens in Groß-Steinheim erreicht war, verließ er vier Jahre nachher auch diesen Ort und zog i. J. 1863 nach Darmstadt, seine alte väterliche Heimath, wo er früher bis in sein 30. Lebensjahr gewohnt hatte, von wo an, bis er als Achtziger dahin zurückkehrte, 50 Jahre seines Wohnens am Main dazwischen 'liegen. Was der stets rüstige Sechsziger und Siebenziger in seiner einfachen Lebensweise nie beachtet hatte, begann allmälig dem Achtziger zum Bedürfnisse für Erhaltung seiner Gesundheit und Kraft zu werden, mancherlei nützliche Bequemlichkeiten und Gelegenheiten für diätetische Genüsse, wie sie nur eine Stadt bieten kann.

Der Jubilar ist Vater von 16 Kindern aus zwei Ehen, wovon 8 in verschiedenem Alter ihrer Kindheit und eine zwanzigjährige Tochter, seine unvergeßliche Clara, starben. Unter den 7 noch lebenden Kindern befinden sich 4 auswärts versorgte Söhne (1 Philologe, 2 Musiker, 1 Juwelier und Goldarbeiter), drei vorzugsweise zu tüchtigen Hausfrauen erzogene Töchter, zwei derselben verheirathet, die dritte und jüngste bei den Eltern. Seine erste Gattin, Josephine, Tochter des Zollinspectors und Zollbereiters Fruth zu Seligenstadt starb in ihrem 36. Jahre und

---

monendo, und ich wüßte nicht, was man einem Historigraphen dankbarer sagen könnte." Nachdem der Jubilar im Herbste 1863 nicht ohne Schmerz der Trennung von seiner 50jährigen durch so viele schöne Erinnerungen ihm so lieb gewordenen Heimath am reizenden Main, nach Darmstadt, seiner Jugendheimath übersiedelte, beehrte ihn dieser hohe Gönner und väterliche Freund bald darauf im Januar 1864 mit einem andern Schreiben, worin die Stelle vorkommt: „Sie haben, wie mich dünkt, ganz wohl gethan, wenn auch erst nach einem halben Jahrhundert, den Geburtsort wieder zum Wohnorte auszuersehen. Es bleibt doch immer eine nicht zu unterschätzende Reihe von Erinnerungen an Personen und Gegenstände aus der Jugend, die das Alter zu versüßen wie geschaffen sind, und die späteren Erlebnisse haben im Alter niemals den Reiz, der aus der Jugendzeit." Worte, so wahr und aus dem Leben genommen, um seinen Schmerz der Trennung von der lieben Mainheimath zu lindern.

ist auf dem Friedhofe zu Seligenstadt beerdigt. Alle, die sie kannten, stimmen im Lobe ihrer ausgezeichneten Eigenschaften des Geistes und Herzens, sowie aller ihrer eine Gattin und Mutter zierenden Tugenden überein und findet Jubilar hierin einen großen Trost über den erlittenen Verlust einer solch trefflichen, leider nur 18 Jahre lang ihm zur Seite gestandenen Lebensgefährtin. Eine Schwiegertochter, Katharine, geb. Leger, erste Gattin seines ältesten Sohnes Petrus, in allen Beziehungen vortrefflicher Eigenschaft ihrer verstorbenen Schwiegermutter Josephine ebenbürtig, endete ihr junges Leben im Hause des Jubilars und ist auf dem Friedhofe zu Kleinkrotzenburg beerdigt. Im Jahre 1830 trat er mit Pauline, geb. Meyer aus Amsterdam in die zweite Ehe, in welcher der Jubilar mit ihr bis jetzt 37 Jahre lang in der Ueberzeugung lebt, daß dieser treuen Lebensgefährtin einstens nach ihrem in dem fernsten Ziel ihres Lebens erfolgenden Tode ihren Tugenden ein gleich ehrender und wohlverdienter Nachruf mit seiner vollsten Hoffnung und Ueberzeugung folgen wird, wie seiner ersten Gattin Josephine.

Es naht nun der Tag (28. Juli 1868) seines 60jährigen Doppeljubiläums, und indem wir von da aus 10 Jahre zurückgehen, um die Feier seines 50jährigen Dienstjubiläums (28. Juli 1858) zu beschreiben, werden wir am Schlusse derselben einen Ueberblick von seinen in diese 10jährige Periode gehörigen Schriften geben.

Die Beschreibung dieses Jubiläums entnehmen wir aus einer im Jahre 1863 zur Lustrumsfeier St. unter dem Titel: „Zur Geschichte der Stadt Seligenstadt" mit fortgesetzter Biographie des Verfassers erschienenen Schrift.

II.

Mit Freude und gerührtem Danke gedenkt der Jubilar der freundlichen Theilnahme, welche ihm aus Anlaß des seltenen Festes eines 50jährigen Dienst- und Schriftsteller-Jubiläums von Höchsten und Hohen fürstlichen Häuptern, Corporationen, Privaten, Verwandten und Freunden durch Ehrenverleihungen, Auszeichnungen, Glückwünsche, Zuschriften und Geschenke damals zu Theil geworden ist. Es ist daher jetzt dessen lange her im Herzen getragener freudiger Wunsch, daß zu seinem wiederholten, gegenwärtig zum ersten Male durch den Druck öffentlich ausgesprochenen Danke und bleibenden Andenken hier vorerst die Namen aller hierbei betheiligt gewesenen Personen verschiedener Stände und Corporationen verzeichnet und dabei ihrer auf mannichfache Weise kundgegebenen besonderen Theilnahme gedacht wird, worauf sofort die Beschreibung des am 28. Juli 1858 abgehaltenen Festes folgen und dann von der Wirksamkeit des Jubilars während der von 1858 bis jetzt nächst abgelaufenen 5 Jahre das dahin Gehörige mitgetheilt werden wird.

Stand und Namen oben erwähnter Personen sind folgende. Der Corporationen wird nächstdem gedacht.

Ludwig III., Großherzog von Hessen und bei Rhein, Königliche Hoheit. Allerhöchstderselbe verlieh dem Jubilar allergnädigst das Ritterkreuz erster Klasse des Verdienstordens Philipps des Großmüthigen (Verleihungsdekret vom 7. Juli 1858) und Seine Excellenz der Großherzogliche Herr Staatsminister Freiherr von Dalwigk zu Darmstadt übersendete diese Decoration, nebst Patent, dem Jubilar mit dem Anlage 17 abgedruckten Schreiben.

Se. K. K. Majestät der Kaiser Ferdinand von Oesterreich ließen mittels Cabinetsschreiben für die Ueberreichung des Jubiläums-Programms, unter Beifügung des Preises einer Anzahl Exemplare desselben, allergnädigst glückwünschend danken. Ebenso Ihre Majestäten die damals regierenden Könige von Belgien, Preußen, Hannover, Baden, Bayern, Griechenland,

Würtemberg, Ihre Königliche Hoheiten die damals regierenden Großherzoge von Oldenburg (unter Beifügung einer werthvollen Busennadel), von Mecklenburg=Schwerin, von Mecklenburg=Strelitz, Baden, Sachsen=Weimar, Ihre Hoheiten die damals regierenden Herzoge von Nassau, Anhalt=Bernburg, Anhalt=Dessau, Sachsen=Altenburg, Sachsen=Koburg=Gotha, Modena, (Kaiserl. Hoheit). Ihre Hochfürstliche Durchlauchten die damals regierenden Fürsten Reuß=Greiz, Reuß=Schleiz, Schwarzburg=Rudolstadt, Schwarzburg=Sondershausen, zur Lippe=Detmold, Lippe=Bückeburg, Lichtenstein, des Landgrafen von Hessen=Homburg, Sr. K. Hoheit des Herzogs Max in Bayern, Ihren Großherzoglichen Hoheiten die Prinzen Karl und Alexander von Hessen, Ihrer Durchlauchten der Fürsten Thurn und Taxis, Leiningen, Löwenstein=Wertheim=Rosenberg=Fürstenberg, Ysenburg=Büdingen, Sr. Erlaucht des damals regierenden Grafen Erbach=Schönberg, der Herren v. Schäffer=Bernstein, Großh. General der Infanterie und Kriegsminister Excellenz zu Darmstadt, Jaup, Oberconsistorial=Präsident, vormals Staatsminister Excellenz daselbst, Dr. Mitzenius, Hof=Bibliothek=Director das., Dr. Walther, Großherzoglicher Cabinets=Bibliothek=Director das., Großherzogl. Hofrath Pabst daselbst, Großherzogl. Hauptmann Hisserich das., Großherzoglicher Registrator Zehfuß das., Großh. Stadtgerichts=Assessor Weis das., damals zu Lorsch, mit Uebersendung folgenden schönen von ihm gefertigten Gedichtes:

Lorsch, den 22. Juli 1858.

Zum 28. Juli 1858.

Chronos! wenn Du im Flug um die allesernährende Erde
Auf hochragendem Thurme Steinheims des bergigen, ausruhst,
Und von Freigerichts Höhen den Blick in die Ebene wendest,
Wenn Dein Auge dann trifft Kleinkrotzenburgs friedliches Dörrchen,
Wo am blinkenden Main in der Bäume schattigem Laubdach
Still und beschaulich Ludewigshaus in den Fluthen sich abglänzt,
Chronos! berühre dies Haus, wenn Du vorüber ziehst, im Fluge nicht!
Fliehe gesenkteren Blicks, hier wohnt der mächtige Feind Dir!
Fliehe beschämteren Blicks! der Du gleichgültigen Fußes
Burgen, Castelle zertratst, die Straßennetze verwischtest.
Wo mit Waffengeklirr einst Legionen erfüllten,
Welche Cultur uns gebracht, obgleich sie verhaßteste Römer!
Flieh! hier denket Dein Feind, der, was Du lässig verwüstet,

In nie alterndem Werk uns klar zu Tage gefördert,
Und aus verwittertem Stein verschollenes Leben heraufruft,
Welcher Vereine sogar, die Dich ankämpfen, gestiftet!
Fleh! Und Du Jubilar, dem noch erhöhteres Alter
Weder die Frische des Geistes noch der Jugend Eifer gemindert,
Möge doch Klio stets den ehernen Griffel Dir leiten,
Möge sie stets Dir beschützen des Hauses stille Penaten.
Das die Ruhe Dir sei, die ewige Werke hervorbringt.

Ferner sind als Glückwünschende zu nennen: der durch seine zahlreichen historischen und statistischen Werke hochverdiente Großherzogliche Hofrath Wagner zu Roßdorf, Inhaber der goldnen Verdienstmedaille des Ludwigsordens für Kunst und Wissenschaft, Ehrenausschußmitglied des hist. V. für das Großh. Hessen, dessen herzliche und echt freundschaftliche Zuschrift unter Anderm die Stelle enthält: „Möge der Himmel Ihnen noch lange das erhebende und wärmende Gefühl verleihen, das alle Die haben, die mit Wahrheit sagen können: „Ich habe nicht vergeblich gelebt." Der Großherzogl. Domainenrath Melchior zu Gießen, der Großherzogl. Baurath Eikemeyer zu Offenbach, der Pfarrer Schuknecht zu Nauheim bei Großgerau (drei langjährige treue, biedere, und theilnehmende Freunde des Jubilars), der Gräfliche Kammerrath Brobrük zu Büdingen, der Großherzogliche Steuercommissär Grüninger zu Offenbach, Herr Eismaier, Bürger zu Mainz, mit einem schönen Geschenke zweier Leuchter.

Von besonderem Interesse sind die Zuschriften von vier Studiengenossen des Jubilars, die bald nachher leider gestorben sind. Professor Dr. Ph. Dieffenbach zu Friedberg übersendete folgendes interessante Schreiben, worin mit heiterem Ernste und gemüthlicher Lebensanschauung die rosige Jünglingszeit mit dem erfahrenen und jedoch immer noch rüstigen und lebensfrohen Alter verglichen wird. Es lautet seinem ganzen Inhalte nach wie folgt:

Lieber Steiner!

Empfange hiermit meinen herzlichsten Glückwunsch zu Deinem bevorstehenden Jubiläum, wenn auch etwas vor demselben. Der Himmel möge den Abend Deines Lebens segnen und Dir verleihen, was die Allweisheit unsers Vaters für das Beste hält.

Und nun auch noch meinen Dank für das mir gütigst zugesendete Werk. Es hat mir nebst Deinem freundschaftlichen Schreiben außerordentlich viel Vergnügen gewährt. Denke nur, während der alte Knasterbart da saß und las, erschien ganz unvermerkt die ewig jugendliche Hexe, die Zauberin, die Phantasie, verwandelte die grauen Haare in blonde, strich die häßlichen Runzeln aus dem Gesichte und verwandelte den Greis in einen Siebenzehnjährigen Springinsfeld. Der wandelte mit seinem Kameraden Steiner durch den lieblichen Wald zwischen Kranichstein und dem Steinbrücker Teich, und was ward da nicht alles geschwatzt und geplaudert und eine Zukunft gebaut von Kartenblättern, unter welchen jedoch weit mehr Königinnen als Könige und Buben zu finden waren. Ich würde mich da wer weiß wie lange noch herumgetrieben haben, wenn nicht ein Brief von meiner Frau mit der Nachricht, daß der neugeborene Enkel, nebst seiner Mutter sich recht wohl befinde, mich plötzlich wieder entzaubert hätte. Da saß ich denn nun wieder da, aber etwas verblüfft über mich selbst, denn von Allem, was ich gesehen, war nichts mehr da. Ich dankte aber meinem Schöpfer, daß er mich bisher bewahrt und mir so viel Gutes im Laufe meines Lebens hatte zu Theil werden lassen. Sehe ich mich genauer an, so sind die Beine noch ganz gut; sie haben mich im vorigen Herbste von Eisenach nach der Wartburg, sodann nach Reinhardsbrunn, weiter am Ufer der Saale herum, durch Leipzig, durch Dresden, durch die sächsische Schweiz und später auch noch durch das alterthümliche Nürnberg getragen, ja noch diesen Sommer unweit Bonn von Königswinter nach dem Drachenfels. Und der Kopf — ja der steht auch noch oben, und was in demselben sich herumarbeitet ist leider immer noch etwas derb, aber dabei, Gott sei Dank, auch immer noch lustig und guter Dinge, — so lange es Gott gefällt. In der Hoffnung, Dich bald einmal persönlich besuchen und sprechen zu können, zeichnet in Liebe

Dein alter Kamerad
Ph. Dieffenbach.

Friedberg, den 21. Juli 1858.

Ein Schreiben des Geheimen Staatsraths Friedrich Zimmermann (Sohn des Directors Georg Zimmermann), welcher mit Freude und Rührung die Schreiben seines Vaters an Jubilar (im Programm 1858) las, welchen ich nun das seinige beifüge, ist ohngefähr gleichen Inhalts wie das vorhergehende, jedoch in Bezug auf seine Gesundheitsverhältnisse kein erfreuliches. Er erlebte zwar noch die Feier seines 50jährigen Jubiläums, starb aber bald nachher.

Darmstadt, den 26. Mai 1858.

Lieber alter Freund!

Dein Brief vom 23. ds. Mts. hat mich in mehrfacher Beziehung und besonders auch darum sehr erfreut, weil ich mich daraus überzeugte, daß Du noch am Leben bist. Ich mußte einigen Zweifel daran haben, weil Du Dich so lange nicht bei mir hast sehen lassen.

Wir sind inzwischen alte Knaben geworden, aber die Herzen und Köpfe sind noch frisch und jung. Daß das bei Dir der Fall ist, sehe ich aus Deiner fortdauernden Rüstigkeit im Schriftstellern und aus Deinem lieben Brief.

Meinen herzlichsten Dank für das mir überschickte Jubiläums-Programm und meine herzlichsten Wünsche zu dem Jubelfest selbst! Leider werde ich an diesem Festtag schwerlich hier sein, da ich im Juli eine Gesundheitsreise machen muß. Denn es ist doch nur halb wahr, wenn ich vorhin die Frische meines Kopfes rühmte. Meine geistige Kraft hat zwar nicht nachgelassen; aber ich laborire schon seit vierzehn Monaten an einem unangenehmen Kopfleiden; beständig hundert schwarze Mücken vor den Augen, und dabei sehr eingenommener Kopf, was mich am Arbeiten und besonders am Lesen sehr hindert. Ich habe daher Dein Schriftchen und Deine Biographie leider noch nicht lesen können (doch habe ich darin geblättert und mit Freude und Rührung die Briefe meines Vaters gelesen.)

Ich hoffe aber doch, daß wir uns bald sehen und in den Gedanken an die Jugendzeit schwärmen, zumal wenn Du Deinen Vorsatz hierher zu ziehen ausführst.

Allerdings wird im nächsten Februar (wenn ich's erlebe) auch mein Jubiläum sein. Es ist mir manchmal unbegreiflich, und ich meine, 50 Jahre geträumt zu haben.

Mein Bruder und mein Neffe danken Dir herzlich für Deine freundliche Mittheilung und senden Dir die besten Glückwünsche.

Unter meiner Zeitschrift verstehst Du ohne Zweifel die allgemeine Militärzeitung. Diese ist aber seit zwei Jahren nicht mehr mein. Meine Geschäfte haben es mir nicht mehr erlaubt, die Redaction fortzusetzen und ich mußte sie daher mit großem Bedauern nach dreißig Jahren aufgeben. Sie wird aber unter anderer Redaction fortgesetzt.

Lebe wohl!

Dein treuer Freund
Fr. Zimmermann.

Die Schreiben des Geheimen Raths Dr. Andreas Schleiermacher zu Darmstadt und des Professors Dr. Klein zu Gießen enthalten freundliche Erinnerungen an die in Darmstadt und Gießen verlebte gemeinschaftliche Studienzeit und die herzlichsten Wünsche.

Von auswärtigen (außerhalb Hessen) wohnenden Freunden liegen folgende Schreiben vor: das des Herrn Professors Dr. v. Hefner zu München, welcher dem Jubilar unter Anderm mittheilte: „Ich wünsche Ihnen alles Glück zu Ihrer Jubiläums-Feier, so wie auch Herr Geheime Rath v. Thiersch, der sich Ihnen empfehlen läßt. Bei uns in München ging das Gerücht, daß Sie gestorben seien und Thiersch bedauerte dieses in einer seiner Abendreden. Ein solches Gerücht deutet auf langes Leben, was ich Ihnen von Herzen wünsche. Unter den correspondirenden Mitgliedern der historischen Klasse unserer Akademie sind Sie das älteste." Ferner zwei Schreiben des Herrn Fürstbischöflichen Geistlichen Raths, Stadtpfarrers und Mitgliedes der K. K. Staatsprüfungs-Commission für das Fach der Geschichte Dr. Knabl zu Gratz, aus welchen wir folgende interessante Stellen in stets freudigen nnd dankbaren Gefühlen der Freundschaft, Liebe und Hochachtung des Jubilars zum Herrn Verfasser mittheilen.

Schreiben vom 22. Juni 1858:

Gott sei Dank, daß mein Irrthum jetzt gelöst ist! Vor anderthalb Jahren verbreitete sich hier die Sage, Sie seien gestorben und wenn ich mich recht entsinne, las ich die Todesnachricht sogar in einem literarischen Blatte Deutschlands. Weil ich dann seitdem von Ihnen nichts mehr hörte, ward ich in meinem Wahne bestärkt und glaubte Ew. Wohlgeboren bereits unter den Ueberirdischen. Wer wird, dachte ich, nun den Codex Danubianus vollenden? Wer wird die Mittel, die Ausdauer, die Kenntniß, die Geschicklichkeit besitzen, diese Aufgabe zu lösen? Niemand — und somit widmete ich im stillen Nachdenken Ew. Wohlgeboren meine innigste Theilnahme.

Denken Sie sich nun meine Ueberraschung, als ich gestern, gerade um die Mittagsstunde, das erste Heft des IV. Theiles dieses Codex sammt dem Programm, begleitet von Dero eigenhändigen Schreiben, von den mir so wohl bekannten Schriftzügen erhielt! Es war mir, als ob eine Centnerlast von meinem Herzen fiele. Ich athmete neu auf, lobte und pries Gott, machte die freudige Ueberraschung sogleich meinen 3 Geistlichen, die sich eben zu Tische setzten, bekannt, und tranken auf Ihre Gesundheit, auf ein noch langes, recht langes Leben!

Entschuldigen Sie diesen Erguß meiner Gefühle, er kömmt aus einem treuen, deutschen Herzen und soll Ihnen zum Beweis dienen, daß Ihr Wirken als Veteran in der Wissenschaft nicht nur in allen deutschen Gauen, sondern auch im Kaiserthum Oesterreich gekannt, geehrt, und hochgeschätzt wird.

Aus dem Schreiben vom 11. Juli 1858:

Das freundliche herzliche Schreiben vom 1., erh. 3. d. M., welches Sie mir noch vor Ueberkommung des zu senden versprochenen Verzeichnisses sämmtlicher Fundorte der Römer-Inschriften Steiermarks zuzumitteln geruhten, hat mich neuerdings innigst gefreut. Ich habe davon sogleich meine Geistlichkeit in Kenntniß gesetzt, und wieder ist beziehungsweise auf den 28. d. M., wo Sie Ihren Ehrentag feiern werden, auf Ihre Gesundheit mancher Becher geleert worden. Aber auch dieser Tag selbst wird bei mir im Kreise guter Freunde fröhlich begangen werden, nachdem es wegen meiner Amtsverhältnisse mir nicht beschieden ist,

an Ihrem 50jährigen Jubiläum persönlich Theil zu nehmen.
Doch sollen die Weihegrüße sich von den Ufern der Mur aus
bis zum Main an diesem Tage begegnen, und den geistigen
Verband zwischen Seligenstadt und Gratz enger knüpfen.

Nachdem der Jubilar seinen freudigen Dank Allen, die
beide Schreiben des Herrn Geistlichen Raths erwähnen, brieflich
übermittelt hatte, gedachte er am Tage der Jubiläumsfeier (28.
Juli 1858) in der Versammlung dieser herzlichen Theilnahme so
biederer, edler und wohlwollender, echt deutscher Männer, und
ein Weihegruß ging zum geistigen Verbande zwischen Seligenstadt
und Gratz zurück von des Maines Ufern an jene der Mur.

Herr Pfarrer Schlicht zu Windecken, ein Studienfreund des
Jubilars ältesten Sohnes Petrus Steiner, Sprachlehrers zu
Paris, Freund zugleich von diesem und seinen verehrten Eltern
des Herrn und der Frau Schlicht und seiner Kinder zu Hanau,
widmete demselben brieflich unter Anderem folgenden Segens=
wunsch: „Ich weiß, daß Sie hochgeehrter Herr Jubilar, den
schlichten Gruß und Glückwunsch nicht verschmähen. So nehmen
Sie denselben denn hin. Gott der Herr, der da bleibet wie Er
ist, von Ewigkeit zu Ewigkeit und dessen Jahre kein Ende
nehmen, der segne Sie mit seinem reichsten Segen, und erhalte
Sie noch lange dem Vaterlande der historischen und archäologi=
schen Wissenschaft, Ihrer werthen Familie und allen Denen, die
Ihnen lieb und theuer sind, und schenke Ihnen noch nach manchen
Stürmen und Kämpfen Ihres reich bewegten Lebens einen heiteren,
ruhigen und erquickenden Abend desselben."

Herr Carl Büttel, Kaufmann zu Frankfurt, welcher, geistig
genährt aus den Schätzen der deutschen Dichter, ein unterhalten=
der angenehmer Declamator daraus ist, sendete für sich und seine
Gattin Minna mit einem Geschenk folgendes Gedicht:

    Nimm lieber Hofrath diese Tasse
    Zum Angedenken freundlich auf
    Und nehme, da wir sonst nichts haben
    Lieb' und Verehrung mit in Kauf,
    Mit lieber Frau und guten Kindern
    Leb' 20 Jahre noch wie heut'
    Und sei versichert, daß dies Niemand
    Zu höh'rem Grad als uns erfreut.

Zu erwähnen sind noch zwei Gratulationsschreiben des Herrn Kittsteiner, Redacteur zu Hanau, in dessen Offizin die seit 1858 erschienenen Werke des Jubilars gedruckt worden sind und des Herrn Fabrikbesitzers J. Jockel daselbst.

Bezüglich auf theilnehmende Corporationen am Feste steht vor Allen oben an die philosophische Facultät der Großherzoglichen Universität Gießen, welche unter dem Rectorate des Herrn Professors Dr. Friedrich Hermann Hesse, und des die promovendi facultas ertheilenden Herrn Geheimen Rathes und Professors Dr. Birnbaum und als Promotor bestellten Herrn Professors und Directors des philologischen Seminars Friedrich Osann dem Jubilar: solertissimo rerum gestarum tam germanicarum quam romanarum scrutatori multisque nominibus de illustranda patria historia merito die Würde eines Dr. der Philosophie und Magisters (S. S. 36) der freien Künste „honoris causa" ertheilte.

Die auf diese ausgezeichnete Ehre, welcher im Jahre 1831 die Verleihung der juristischen Doctorwürde honoris causa voranging, bezüglichen Schreiben sind folgende: 1) des Herrn Rectors Magnificenz, Professors Dr. Hesse, wie folgt:

An

den Großherzoglich Hessischen Hofrath und Historiographen

Herrn Dr. Steiner

in Kleinkrotzenburg.

Sie haben, hochverehrter Herr Hofrath! durch die jüngst erfolgte Sendung Ihrer Schrift: „Das System der römischen Wehren, Seligenstadt 1858," deren Werth durch die beigegebene Biographie ihres Verfassers in unseren Augen nur erhöht werden kann, die Großherzogliche Landes = Universität aufs Neue zum lebhaftesten Danke verpflichtet.

Indem ich denselben für die wiederholte Bereicherung unserer Bibliothek, sowie für das seit langen Jahren uns bewiesene freundschaftliche Interesse überhaupt dem mir gewordenen ehrenvollen Auftrage zufolge von ganzem Herzen Ihnen ausspreche, gereicht es mir zugleich zu hoher Freude, Ihnen außerdem zur Feier Ihres bevorstehenden 50jährigen Dienst= und Schriftsteller=

Jubiläums Namens der Großherzoglichen Landesuniversität die herzlichsten Glückwünsche darbringen zu können.

Lebhaft wissen wir alle die Verdienste zu würdigen, welche Sie sich, wie um die Geschichte überhaupt, so namentlich um die spezielle Geschichte unseres Großherzogthums in so reichlichem Maaße erworben haben; um so aufrichtiger wünschen wir zu Gott, daß er Ihnen Leben, Gesundheit und Kraft noch recht lange erhalten wolle, auf daß Sie im Stande seien, die gelehrte Welt noch mit vielen Früchten Ihrer Studien zu erfreuen. Möge jede Wolke sich verziehen, welche noch an Ihrem Himmel steht, die kommende Zeit sich immer freundlicher für Sie gestalten und der gütige Gott Sie so wenig als möglich fühlen lassen, daß er die Last so vieler Jahre auf Sie gelegt hat. Er sei nach seiner Gnade mit Ihnen zu aller Zeit!

Gießen, den 28. Juli 1858.

Der Rector der Großherzoglichen Landes-Universität.
Dr. Hesse.

2) des als Promotor bestellten Herrn Professors Dr. Osann, folgenden Inhalts:

Wohlgeborner Herr,
Hochzuverehrender Herr Hofrath!

Ich kann es nur zu den angenehmsten Pflichten rechnen, welche mir das Amt auferlegt, welches ich gegenwärtig zu bekleiden die Ehre habe, Namens und im Auftrag der philosophischen Facultät der Ludoviciana der Ueberbringer der aufrichtigsten Glückwünsche zu sein, welche sich dieselbe Ihnen, hochgeehrter Mann, an dem heutigen Festtage darzubringen beehrt, und zugleich die Anerkennung Ihrer mannichfachen Verdienste auf dem Felde der historischen Wissenschaften durch Verleihung der Höchsten, ihr zu Gebote stehenden Würde des Doctor- und Magistergrads an den Tag zu legen.

Indem ich Sie im Namen der Facultät ersuche, beifolgendes Ehrendiplom als den Ausdruck ungeheuchelter Verehrung freundlich anzunehmen, füge ich die weitere Bitte hinzu, die Versicherung derselben Hochachtung von Seiten eines Ihrer vieljährigen

Verehrer genehmigen zu wollen, unter welcher derselbe die Ehre hat zu zeichnen.

Ew. Wohlgeboren

ergebenster Diener

Dr. Friedrich Osann,

Decan der philosophischen Facultät.

Gießen, am 28. Juli 1858.

Die K. Akademie der Wissenschaften zu München, welcher Jubilar seit 1832 als correspondirendes und gegenwärtig als ältestes Mitglied der historischen Klasse angehört, übersendete ihm ein prachtvoll ausgestattetes Gratulations- und Ehrendiplom. (S. S. 37.)

Der Ausschuß des historischen Vereins für Unterfranken und Aschaffenburg ertheilte dem Herrn Revierförster Dr. Mahler zu Miltenberg als Mitglied dieses Vereins den Auftrag, an dem Tage der Jubelfeier die Stelle des Vorstandes, Professors Dr. Contzen zu vertreten und dem hochverehrten Herrn Jubilar Namens unsres Vereins:

der ihn seit einer langen Reihe von Jahren zu seinen Ehrenmitgliedern zählt, mit der vollsten Anerkennung der vielen und großen Verdienste, die sich derselbe auf dem Gebiete der Geschichte überhaupt und namentlich auf dem der Specialgeschichte eines Theiles unseres Kreises erworben hat, unsere besten Wünsche und unsere innige Theilnahme an jener seltenen Feier zugleich mit der Hoffnung auszusprechen, daß der Geber alles Guten Ihm die Wiederkehr dieses schönen Tages noch oft möge zu Theil werden lassen.

Wir werden unten bei der Beschreibung des Festes darauf zurückkommen und des aufgetragenen Toastes gedenken.

Der Vorstand des Hanauischen Bezirksvereins für Hessische Geschichte und Landeskunde und Namens desselben der Vorsitzende Dr. Denhard bezeugte seine lebhafte Theilnahme durch folgende Worte seiner Zuschrift:

Zugleich entledigen wir uns des schmeichelhaften Auftrages unseres Vereins, Ihnen, hochachtbarer Herr und Vereinsfreund, zu dem von Ihnen am 28. v. M. gefeierten Jubiläum unseren herzlichsten Glückwunsch auszudrücken. Mögen Sie noch lange für die Zwecke der Wissenschaft und für die Belehrung Ihrer Freunde thätig sein! Möge das schöne Bewußtsein, für Mit- und Nachwelt nützlich gewesen zu sein, die schönste Belohnung für Ihre Mühen und Anstrengungen bilden! Seien Sie überzeugt, daß wir die wärmste Theilnahme für Ihre Bestrebungen hegen, und entschuldigen Sie gütigst die Verspätung dieses Schreibens mit der Abwesenheit unseres Vorsitzenden, welcher eine Badekur in Kissingen gebrauchte.

Da die Ausschußmitglieder des historischen Vereins für das Großherzogthum Hessen zur Zeit des Jubiläums in Bädern und auf Lustreisen abwesend waren und der deßhalb zu gehöriger Zeit lange vorher besprochene Gratulationsbeschluß nicht gefaßt werden konnte, so wurde dem Jubilar als Ausschußmitglied und Stifter des Vereins (s. Programm 1858, S. 31 f.) nachträglich von einem Ausschußmitgliede das lebhafteste Bedauern hierüber brieflich ausgedrückt. Präsident Jaup hatte, wie wir oben meldeten, blos persönlich für sich seine Wünsche dargebracht.

Der Vorstand der Gemeinde Kleinkrotzenburg offerirte zum Danke des Jubilars die Ertheilung des Ehrenbürgerrechts, welches er jedoch damals ablehnen mußte, da er urkundlich klar nachgewiesen hatte, daß er bereits seit 1835 activer Bürger dieser Gemeinde sei und Entschädigungsansprüche für vorenthaltene Nutzungen habe. Zum Verdrusse des Jubilars wird ihm jedoch dieses Recht immer noch streitig gemacht und er in der Ausübung desselben gehemmt. Sein Wunsch ist, daß bei Gelegenheit der Jubiläumsfeier diese Angelegenheit in Güte geordnet werde, wozu sich ohne Zweifel eine die Verdienste des Jubilars um Klein-Krotzenburgs Bewohner während seines dreiundbreißigjährigen Wohnsitzes daselbst unpartheiisch würdigende Person leicht auffinden dürfte.

Der Vorstand der Gemeinde Roßdorf bei Darmstadt (Geburtsort des Jubilars) sendete Gratulationsschreiben. Ihr als Bürger anzugehören, bevor er das Bürgerrecht von Klein-Krotzenburg erhalten hatte, war bereits in Aussicht gestellt und von dem Vorstande mit Vergnügen kostenfrei offerirt.

Auch der hohe Senat der freien Stadt Frankfurt und Namens desselben der ältere Herr Bürgermeister Dr. Neuburg sendete Gratulationsschreiben auf die überreichte Jubiläumsschrift.

Wir stehen nunmehr an der Beschreibung der Jubiläumsfeier (28. Juli 1858.) Hierzu hatte sich ein Comité gebildet, bestehend aus den Herren Rentamtmann Fay, Kreisarzt Dr. Geromont, Oberförster Herpel, Steuercommissär Rau zu Seligenstadt. Tags vor dieser Feier besuchten drei dieser Herren den Jubilar in seiner Wohnung und luden ihn hierzu freundlichst ein.

Am Vorabend des Festes brachte der Gesangverein von Kleinkrotzenburg, unter der Leitung ihres Directors, Lehrers Link, ein Ständchen mit Gratulation und schönen Gesangstücken. Morgens am Festtage Besuch des Herrn Pfarrers Klein und des Herrn Bürgermeisters Zilg, unter Darbringung herzlicher Wünsche. Bald nachher erschienen in der Staatsuniform die Herren des Comités, Oberförster Herpel, Kreisarzt Dr. Geromont, Steuer-Commissär Rau in einer Chaise, um den Jubilar zur Theilnahme am Feste bei einem Mittagsmahle im Saale des Gasthofes „zur Krone" zu Seligenstadt, (wo im Jahre 1818 schon einmal ein 50jähriges Jubelfest, zu Ehren des Schullehrers Lommel, gefeiert wurde) abzuholen.

Dort im genannten Gasthause erwartete den Jubilar eine zahlreiche Versammlung von geistlichen und weltlichen Beamten und Bürgern von Seligenstadt, Steinheim und anderen Orten, und empfingen ihn zuerst in dem Vorzimmer des Saales mit Gratulationen, worauf der Jubilar in den Saal geführt und unter Fanfaren der gut geübten Neubauerischen Musik von Seligenstadt auf den für ihn bestimmten Ehrenplatz an der Tafel geleitet wurde. Der erste Toast beim Festmahle, ausgebracht von Herrn Oberförster Herpel, galt Sr. Königlichen Hoheit dem Großherzog, dem erhabenen Beförderer der Kunst und Wissenschaft und gerechten Belohner jeden wahren Verdienstes, wie hier unter anderen Beispielen auch bei unserem Jubilar, dessen Brust der ihm kürzlich verliehene Philippsorden schmücke, zu erkennen sei. Der zweite Toast war dem Jubilar von dem Herrn Steuer-Commissar Rau gewidmet, welcher aus dem Leben desselben der wichtigsten Momente seines Verdienstes, der Mühen und Anstrengungen, die ihm dabei das Schicksal brachte, aber auch der ihm reichlich zu Theil gewordenen Belohnungen gedachte, und daran seinen und im Namen der Anwesenden allseitigen Glückwunsch mit freudiger Hoffnung für dessen Zukunft darbrachte. Der dritte Toast wurde im Auftrage der Gemeinde Kleinkrotzenburg und des anwesenden Bürgermeisters Zilg von Herrn Lehrer Link ausgebracht. Hauptgegenstand desselben war: erstens Anerkennung und Lob des während seines 33jährigen Wohnens zu Kleinkrotzenburg bewiesenen friedlichen und theilnehmenden Einvernehmens mit allen Bewohnern der Gemeinde, seines Rathes und seiner Wohlthätigkeit, die er im Verein mit seiner Gattin Nothleidenden reichlich zu Theil werden ließ, unermüdlich hierin, wenn ihn auch zuweilen Undank traf, und auf jeden Dank verzichtend, zweitens Lob der Erziehungsweise wohlgerathener und in allgemeiner Achtung stehender Kinder, welche bis auf die jüngste Tochter bereits versorgt sind. Mit der Hoffnung, daß der in der Gemeinde allerseits sammt ganzer Familie hochgeachtete und geliebte Jubilar noch lange unter ihnen auf seinem schönen Landsitze Ludewigshaus daselbst wohnen und wirken möge, schloß der Redner mit einem allerseits aufgenommenen Hoch! Anwesend waren dabei drei der Söhne des Jubilars, Karl, Georg und Wilhelm. Der vierte Toast wurde, wie bereits oben bemerkt, von dem Herrn Revierförster Dr. Mahler im Auftrage des Vorstandes des historischen Vereins für Unterfranken und Aschaffenburg, dessen Ehrenmitglied Jubilar ist, und des die Stelle des Vorstandes vertretenden Professors Dr. Contzen in folgenden Worten ausgebracht:

Meine Herren! Der historische Verein von Unterfranken und Aschaffenburg, dessen Vorstand ich bei dem heutigen Feste zu vertreten die Ehre habe, begrüßt den Herrn Jubilar als langjähriges Ehrenmitglied dieses Vereins in vollster Anerkennung der vielen und großen Verdienste, die sich derselbe auf dem Gebiete der Geschichte überhaupt und namentlich auf dem der Special-Geschichte erworben hat, und bringt demselben zu diesem seltenen Feste die besten Wünsche und innigste Theilnahme in Hoffnung, daß der Geber alles Guten Ihn noch lange zum Wohl der Seinigen und zum Frommen der Wissenschaft beschützen und erhalten möchte.

Licht ist es geworden durch Steiner's Forschungen in der Ortsgeschichte des Maingebietes, Licht hierdurch in der vaterländischen selbst, wer aber die Schwierigkeiten kennt, welche das Quellenstudium zu überwinden hat, wird die Verdienste zu würdigen wissen, welche dem Gefeierten mit Recht gebühren.

Diese Verdienste anerkennend und theilnehmend zu bezeichnen, bringt der historische Verein dem Gefeierten ein Hoch.

Die Ausbringung des fünften Toastes war dem Herrn Rentmeister Großmann zu Steinheim auf passende Art als Freund des Jubilars zugedacht. In gemüthlicher und erheiternder Weise gedachte der Redner des jungen Staatsdieners Steiner, welcher im Jahre 1818 einem 50jährigen, zu Ehren des Lehrers Lommel in demselben Saale, wo jetzt Steiner in gleicher Weise auf dem Ehrenplatze sitze, abgehaltenen Jubelfeste persönlich beigewohnt habe, damals nicht ahnend, was ihm die Zukunft an derselben Stelle ihm gewiß jetzt Erfreuliches bringen werde. Mit diesen Worten und allen Glückwünschen wegen einer nützlich durchlebten langen Vergangenheit und für eine, wenn nicht eben so lange aber doch halb so lange heitere Zukunft, überreichte er dem Jubilar eine werthvolle silberne reich mit Gold verzierte Tabatière, eine Kunstarbeit des Herrn Siegmund Kurz zu Hanau als Geschenk der Freunde des Jubilars. Die auf derselben befindliche Inschrift lautet: „Dem Herrn Hofrath Dr. Steiner auf Ludewigshaus zu seinem 50jährigen Dienstjubiläum am 28. Juli 1858, gewidmet von seinen Freunden zu Seligenstadt, Steinheim u. s. w. als Zeichen herzlicher Theilnahme und Liebe."

Tiefgerührt aber doch mit fester Stimme beantwortete der rüstige Jubilar dankend alle an ihn gerichteten Ansprachen mit folgenden Worten:

Gefühle des innigsten Dankes bewegen heute mehr als jemals mein Inneres, überwältigend sind sie in ihrer Größe und Mannichfaltigkeit und in der Bedeutung des so seltenen Tages.

Dank dem allgütigen Vater im Himmel, der mich bis daher gesund erhalten, und fähig meinen Beruf zu erfüllen. O möchte er mich hierin ferner stärken, nach seiner Allgüte und Weisheit mir gnädig beistehen.

Dank Seiner Königlichen Hoheit dem Allerdurchlauchtigsten Großherzoge Ludwig III. für die Zeichen Seiner mir zugewendeten Huld und Gnade.

Dank allen verehrten Anwesenden, Gönnern, Freunden, Mitbürgern, Angehörigen, da sie gekommen sind, Antheil zu nehmen an der Freude des Tages, zu zieren das Fest, Dank insbesondere für das schöne Geschenk, diesem für mich und meine Nachkommen so theuren Andenken an Sie, Dank für Ihre herzlichen Gesinnungen und Theilnahme, die Sie durch Ihre Organe mir so eben kund werden ließen.

Und somit wäre nach allen diesen Beziehungen Stoff zu einer längeren Ansprache gegeben, aber der Körper versagt gegenwärtig dem Ausdrucke dieser Gefühle seinen Dienst und ist durch sie überwältigt.

Erlauben Sie daher hier abbrechen und mit wenigen Worten schließen zu dürfen.

Der allgütige Vater im Himmel wolle Ihre Lebensdauer in die weiteste Ferne setzen und einem Jeden von Ihnen nach Stand und Beruf ein 50jähriges Jubiläum in Kraft und Gesundheit erleben lassen.

Ich fülle mein Glas, erhebe es und trinke auf Ihr allerseitiges Wohl!

Noch manches gediegene Wort wurde im Verlaufe des schönen Festes bei heiterer und freundlicher Conversation kundgegeben, und erst spät Abends trennte sich die Versammlung in einer Stimmung, die vollkommen zeigte, mit welcher Herzlichkeit alle Theilnehmer dem Feste angewohnt haben.

In die nach dem 50jährigen Jubelfeste folgende 10jährige Periode von 1858 bis 1868, oder wenn man sie nach dem Alter des Jubilars bezeichnen will, von seinem 73. bis 83. Lebensjahr, womit wir diese Biographie schließen, gehören folgende seiner Schriften, deren wir an den betreffenden Stellen dieses Programms in wissenschaftlicher Beziehung bereits gedacht haben.

1) Codex inscript. roman. Danubii et Rheni, 4r Theil 1862, 5r Theil 1864, Registerband von 1862 bis 1864;

2) Georg I., Landgraf von Hessen-Darmstadt, nach seinem Leben und Wirken 1861; 3) Mathilde, Großherzogin von Hessen und bei Rhein 1862, Supplement hierzu 1863; 4) Das System der römischen Wehren 1859; 5) Castrum Selgum, zur Urgeschichte von Seligenstadt 1859; 6) Sammlung und Erklärung altchristlicher Inschriften 1860; 7) Zur Urgeschichte der Stadt Seligenstadt 1863; 8) Die Verwandtschaften des Großherzogl. Hessischen Hauses 1864; 9) Die Sachsengräber zu Miltenberg 1865; 10) Zur Geschichte Ludewigs I., Großherzogs von Hessen 1866; 11) Die Einweihung des Grabdenkmals der Großherzogin Mathilde 1865; 12) Die Besuchsreise Sr. K. H. Ludwigs III., und der reutsche Stämmegeist 1867; 13) Die Verwandtschaften der Großh. Häuser Hessen und Mecklenburg-Schwerin 1865; 14) Gegenwärtige Schrift als Jubiläumsprogramm des 60jährigen activen Staatsdienstes.

Senescentibus membris eruditorum intus animi industriae beneficio flores juventae retinent.

Anlagen.

Außer den in den Noten S. 17, 18, 19, 21, 22, 23 abgedruckten Schreiben hoher Häupter, lassen wir hier noch mehrere andere durch Verleihungen, Inhalt, Autographie und Namen für den Jubilar, Mit- und Nachwelt merkwürdige folgen, welche an denselben gerichtet wurden.

1) Von Seiten Sr. M. des Kaisers Alexander I. von Rußland durch die Kaiserl. Russische Gesandtschaft zu Frankfurt.

Sa Majesté l'Empereur de toutes les Russies, ayant daigné agréer l'ouvrage, dont Vous Lui avez fait hommage, Monsieur, je suis chargé, de Vous faire tenir une bague enrichie au nom de mon Auguste Maitre, et il depend de Vous de la faire retirer quand Vous le jugerez a propos. Je suis très parfaitement Monsieur Votre très humble et obeissant serviteur.

Francfort s. M. le 8/20 Fevrier 1821.

Le Baron d' Anstett.

2) Von Seiten J. K. H. der Großfürstin Thronfolgerin Maria Alexandrowna von Rußland, geb. Großh. Heß. Prinzessin, jetzt Kaiserin von Rußland M., durch das Großfürstliche Secretariat.

Monsieur. Madame la Grande Duchesse Césarevna a reçu dans le temps l'histoire de feu le Grand Duc Louis II. que Vous Lui aviez adressée. Par suite de l'intérêt tout particulier que Son Altesse Impériale devait prendre a cet ouvrage, j'ai été chargé de Vous transmettre une marque de Sa bienviellance qui Vous parviendra par Mr. de Samsonoff, Aide de Camp de Monseigneur le Prince Alexandre de Hesse. Veuillez Monsieur m'accuser de cet envoi et agréer l'assurance de ma consideration distinguée.

le 17 Août 1850.   C. Labensky.

3) Von Seiten Sr. M. des Kaisers Ferdinand II. von Oesterreich durch die K. K. Gesandtschaft zu Darmstadt.

Ew. Wohlgeboren habe ich das Vergnügen zu eröffnen, daß Seine Majestät der Kaiser, mein Allergnädigster Herr, Ihren Codex inscriptionum romanarum Rheni mit Wohlgefallen aufzunehmen und Ihnen dafür die hier anliegende Gelehrten-Verdienst-Medaille in Gold zu bestimmen geruht haben.

Mit vollkommenster Hochachtung habe ich die Ehre zu sein Ew. Wohlgeboren ergebenster Diener

Frhr. v. Menßhengen,

K. Oesterr. Legationsrath und Geschäftsträger.

Darmstadt, den 6. Mai 1844.

4) Von Seiten Sr. M. des Königs Friedrich Wilhelm III. von Preußen.

a. Indem Ich Ihnen den Empfang der seit dem Jahre 1820 von Ihnen herausgegebenen historischen Schriften bekannt mache, habe Ich Sie Meines Dankes hierdurch versichern wollen.

Berlin, den 10. Januar 1828.

Friedrich Wilhelm.

b. Ich habe die Mir von Ihnen am 29. Februar d. J. zugesandten Schriften empfangen, und nicht unterlassen wollen, Meinem Danke für die Mittheilung die beikommende goldene Medaille als ein Angedenken beizufügen.

Berlin, den 7. April 1835.

Friedrich Wilhelm.

Letzterem Allerhöchsten Cabinetsschreiben lag folgende Zuschrift der königlich preußischen Gesandtschaft zu Darmstadt bei:

Ew. Hochwohlgeboren bin ich sehr erfreut anliegend als ein Zeichen der Allerhöchsten Zufriedenheit mit Ihren durch mich an Seine Majestät den König beförderten Schriften ein die kleine Verdienst-Medaille enthaltendes Cabinetsschreiben auf Allerhöchsten Befehl überreichen zu können. Empfangen Ew. Hochwohlgeboren meinen aufrichtigen Glückwunsch zu diesem neuen Anerkenntniß Ihrer Verdienste um die Geschichtsforschung, sowie die Versicherung der ausgezeichneten Hochachtung, womit ich verbleibe Ew. Hochwohlgeboren gehorsamster Diener

Darmstadt, den 13. Mai 1835.

Frhr. v. Galen.

5) Von Seiten Sr. M. des Königs von Schweden und Norwegen Karl XIV. Johann.
(S. oben S. 19 Note.)
6) Von Seiten Seiner Majestät des Königs von Bayern Maximilian I.

Herr Hofgerichtsadvocat Steiner. Ich habe Ihre Mir kürzlich zugeschickten historischen Schriften richtig erhalten und selbe mit vielem Vergnügen aufgenommen. Ich bezeige Ihnen mit Meinem Danke dafür den Beifall, welchen Ich jedem für bayerische Geschichte gelieferten Beitrage gerne widme. Empfangen Sie als ein Merkmal Meiner Zufriedenheit die anliegende Medaille und anbei die Versicherung der Königlichen Gnade, mit der Ich Ihnen beigethan bin. Ihr wohlaffectionirter

Max Joseph.

München, den 30. October 1820.

7) Von Seiten Sr. M. des Königs von Bayern, Ludwig I.

a. Mein Herr Dr. Steiner. Ich habe die Mir übersandte von Ihnen als Programm auf die Vermählung Meiner vielgeliebten Tochter, der Prinzessin Mathilde, mit Sr. Hoheit dem Herrn Erbgroßherzog von Hessen gefertigte literarische Arbeit empfangen und danke Ihnen für diese Ihre Theilnahme aussprechende Mittheilung. Seien Sie des Königlichen Wohlwollens versichert, mit welchem ich bin Ihr wohlgewogener

Ludwig.

München, den 21. Januar 1834.

b. Herr Hofrath Dr. Steiner. Ich habe erst vor Kurzem Ihr neuestes Werk „Geschichte und Topographie des Maingebiets und Spessarts unter den Römern", welches, Mir zugeeignet, Sie durch Schreiben vom 11. December an mich richteten, erhalten. Erfreulich sind für den Freund der Geschichte und des Alterthums Ihre fortgesetzten Forschungen, wodurch Sie die Kenntnisse in diesem Gebiete bereichern. Am nächsten werde Ich Mich mit diesem Ihrem Werke beschäftigen, wenn Ich im Laufe des Sommers die Gegend bewohne, deren Alterthümer Sie behandeln, und dieses wird das Interesse daran erhöhen. Ich erkenne die Aufmerksamkeit, die Sie mir erwiesen. Indem Ich Ihnen dafür danke, ersuche Ich Sie, bekommende goldene Medaille mit Meinem Bildnisse zum Angedenken zu empfangen, und es ist Mir angenehm, Sie wiederholt Meiner Werthschätzung zu versichern. Ihr wohlgewogener

Ludwig.

München, den 10. November 1835.

c. Herr Hofrath Dr. Steiner. Ich habe Ihre Zuschrift vom 26. November erst in diesem Monat erhalten. Immer dankbar sind die historischen Forschungen und die Beiträge, womit Sie durch die Ihrigen die vaterländische Geschichte bereichert haben, hatten immer Werth für Mich. Gerne ermächtige Ich Sie für Ihre angekündigten neuesten Werke „Codex inscript. rom. Rheni und das Decumatenland" für Meine Privat-Bibliothek Meinen Namen in die Liste der Subscribenten aufzunehmen. Ich bin mit Werthschätzung Ihr wohlgewogener

Ludwig.

München, den 20. Januar 1837.

d. Herr Hofrath Dr. Steiner. Ich habe Ihre Zuschrift vom 29. d. M. und Ihr neuestes literarisches Werk „Codex inscriptionem rom. Rheni" zu empfangen das Vergnügen gehabt und danke Ihnen für diese Mir wiederholt bezeigte Aufmerksamkeit. Ich nehme stets lebhaften Antheil an Ihrem erfolgreichen Wirken in dem weiten Gebiete der Geschichte und Archäologie. Empfangen Sie entgegen die erneuerte Versicherung Meiner besonderen Werthschätzung.

Ihr wohlgewogener

Ludwig.

Schloß Berg, den 12. August 1837.

e. Herr Hofrath Dr. Steiner. Dankend für das Mir gefällig überschickte Exemplar Ihrer Schrift „Ludewig I., Großherzog von Hessen und bei Rhein, nach seinem Leben und Wirken," dieser neuen Urkunde Ihres Fleißes in der Geschichtschreibung, erwiedere Ich Ihnen, daß ich vorhabe, befragliche Schrift bei Mir dafür werdenden Muße zu lesen. Der Ich anbei mit voller Werthschätzung bin Ihr wohlgeneigter

Berchtesgaden, den 22. August 1842. Ludwig.

8) Von Seiten Ihrer Majestät der Königin von Bayern, Therese, durch das Secretariat I. M.

Ew. Hochwohlgeboren. Ihre Majestät die regierende Königin von Bayern hat mich zu beauftragen geruht, Ihnen für die Uebersendung des auf das Vermählungsfest Ihrer Königlichen Hoheit der Prinzessin Mathilde für Darmstadt angefertigten Programms den Allerhöchsten Dank zu bezeigen und als Beweis des Allerhöchsten Wohlwollens Ihnen anliegende goldne Medaille zuzustellen. Indem ich hiermit dem Auftrage Ihrer Königlichen Majestät entspreche, bitte ich Sie, den Ausdruck meiner vollkommensten Verehrung und Hochachtung zu empfangen, mit der ich bestehe Ew. Hochwohlgeboren

Ministerialreferent Hofrath
B e r k s.

9) Von Seiten S. M. des Königs Otto von Griechenland. (S. Seite 17 Note.)

10) Von Seiten Sr. Majestät des Königs von Dänemark Friedrich VI., durch die K. D. Bundestagsgesandtschaft zu Frankfurt a. M.

Der unterzeichnete Königlich Dänische Bundestagsgesandte hat von seinem Allerhöchsten Hofe den Auftrag erhalten, für die durch ihn an Se. Majestät den König alleruntertänigst eingesandten zwei Werke des Herrn Hofraths Dr. Steiner Namens Sr. Majestät demselben zu danken und zugleich den beifolgenden Brillantring zu überreichen, welchen Allerhöchstderselbe dem Herrn Hofrath Steiner zu bestimmen geruht haben. Indem es dem Unterzeichneten zum besonderen Vergnügen gereicht, sich dieses Allerhöchsten Auftrages zu entledigen, darf er einer gefälligen Empfangsanzeige entgegen sehen.

Frankfurt, den 21. Januar 1836.

F. v. Pechlin.

11) Von Seiten Sr. M. des Königs von Sardinien, Victor Emanuel. (S. Seite 27 Note.)

12) Von Seiten Sr. M. des Königs der Belgier durch den Minister des K. Hauses.

Monsieur. Le Roi a reçu l'exemplaire de l'histoire de Louis I. Grand Duc de Hesse que Vous Lui avez adressé par Votre lettre du 11. Août p. Sa Majesté me charge de Vous exprimer tous ses remerciments pour cet envoi et Vous faire connaitre en même tems, que d'après ses ordres Votre ouvrage a été deposé dans Sa bibliotheque particulière. Recevez Monsieur l'assurance de ma consideration distinguée. Le Ministre de la Maison du Roi. Bruxelle le 28. Octbr. 1842.

13) Von Seiten Sr. M. des Königs von Hannover, durch die K. Haus= und Chatulleverwaltung.

a. Se. Majestät der König, mein Allergnädigster Herr, haben das Allerhöchstdemselben zugesandte, von Ew. Hochwohlgeboren verfaßte Werk, „Ludewig I., Großherzog von Hessen und bei Rhein nach seinem Leben und Wirken" wohlgefällig anzunehmen geruht und mich beauftragt, Seiner Majestät Dank Ihnen dafür zu bezeigen, welcher angenehmen Pflicht ich mich hiermit entledige. Ew. Hochwohlgeboren gehorsamster

v. Malortie.

Hannover, den 25. April 1842.

b. Des Königs Majestät haben die von dem Herrn Hofrath unterm 25. v. M. nachgesuchte Erlaubniß zur Einsendung der jetzt erschienenen Lebensgeschichte Ludwigs II., Großherzogs von Hessen, zu ertheilen geruht. Der Allerhöchste Befehl für die unterzeichnete Verwaltung geht dahin, den Herrn Hofrath davon zu benachrichtigen und im Voraus schon demselben für die bezeigte Aufmerksamkeit den Dank Seiner Majestät auszudrücken.

Hannover, den 30. November 1849.

v. Malortie.

14) Von Seiten Sr. Maj. des Königs von Würtemberg durch den k. Staatsrath v. Goes.

Ew. Wohlgeboren habe ich die Ehre, auf Befehl Seiner Majestät des Königs von Würtemberg, meines gnädigsten Herrn, zu eröffnen, daß Se. Königliche Majestät das Höchstdemselben eingesendete Exemplar Ihres Werkes „Ludewig I., Großherzog von Hessen und bei Rhein", mit Wohlgefallen aufgenommen haben und Ihnen für die durch dessen Einsendung Höchst Ihnen bewiesene Aufmerksamkeit Ihren gnädigen Dank bezeigen lassen.

Indem ich diesen mir gewordenen Allerhöchsten Auftrag gegen Ew. W. hiermit vollziehe, habe ich die Ehre die Versicherung meiner vollkommensten Hochachtung beizufügen.

Baden, den 12. August 1842.   Goes.

15) Von Seiten Sr. K. Hoheit des Großherzogs von Hessen Ludewig I., durch das Großh. Cabinetssecretariat.

a. Ew. Wohlgeboren habe ich die Ehre zu benachrichtigen, daß Se. K. Hoh. der Großherzog die Zueignung der Geschichte der Stadt Seligenstadt sehr gnädig aufgenommen und mir befohlen haben, Ihnen die Beilage als Beitrag zur Subscription zu überschicken. Es gereicht mir zum wahren Vergnügen, die Versicherung der vollkommensten Hochachtung zu erneuern, womit ich die Ehre habe zu sein Ew. Wohlgeboren gehorsamster Diener.

Darmstadt, den 28. Februar 1820.

Schleiermacher.

b. Ew. Wohlgeboren habe ich die Ehre zu benachrichtigen, daß Seine K. Hoheit die neueste Schrift ganz so aufgenommen haben, wie Sie es nur wünschen können und Sie zu ersuchen, das Beiliegende als ein Kennzeichen der Höchsten Werthschätzung anzusehen. Es gereicht mir zum wahrsten Vergnügen rc.

Darmstadt, den 13. October 1821.

Schleiermacher.

Noch acht andere Schreiben ähnlich lautenden Inhalts und Allerhöchsten Anerkenntnisses Sr. K. H. Ludewigs I.

16) Von Seiten Sr. K. H. Ludwigs II., Großherzogs von Hessen.

(S. Seite 17 Note.)

17) Von Seiten Sr. K. H. Ludwigs III., Großherzogs von Hessen.

Hochgeehrtester Herr Hofrath!

Ew. Wohlgeboren habe ich die Ehre ergebenst zu benachrichtigen, daß S. K. H. der Großherzog Ihnen als Anerkennung Ihrer langjährigen schriftstellerischen Leistungen, namentlich im Gebiete der hessischen Geschichte, bei Gelegenheit des seltenen und schönen Festes, welches Sie zu feiern im Begriffe stehen, das Ritterkreuz des Verdienstordens Philipps des Großmüthigen zu verleihen geruht haben.

Indem ich Ew. Wohlgeboren mit Uebersendung des Allerh. Verleihungsdecrets nebst der Decoration meinen aufrichtigen Glückwunsch zu dieser Ihnen zu Theil gewordenen Auszeichnung hiermit ausdrücke, verbleibe ich in der Hoffnung, daß es Ihnen noch lange vergönnt sein möge, in gleich ersprießlicher Weise zu wirken, mit vollkommenster Hochachtung

Ew. Wohlgeboren ergebenster

Darmstadt, den 20. Juni 1858.   Dalwigk. *)

18) Von Seiten Sr. K. Hoheit des Prinzen Wilhelm von Preußen, Bruders Sr. Majestät des Königs Friedrich Wilhelm III. von Preußen.

Die Mir mit Ihrem Schreiben vom 20. März b. J. gefälligst überschickte Geschichte von Seligenstadt habe Ich erhalten und mit besonderem Interesse gelesen. Indem Ich in deren Mittheilung einen Beweis Ihrer Aufmerksamkeit gegen Mich erkenne, für welchen Ich Ihnen verbindlichst danke, ersuche Ich Sie zugleich, beikommende Tasse als ein Zeichen Meiner Achtung gefälligst anzunehmen, mit welcher Ich beharre

Wilhelm, Prinz von Preußen.

Berlin, den 2. Juni 1820.

   Bemerkung des Verfassers dieser Biographie: Die schöne reich vergoldete Tasse ist mit dem Bildnisse des Prinzen Wilhelm versehen.

19) Von Seiten Sr. K. Hoheit des Kurfürsten von Hessen Wilhelm I.

Die Mir von Hofgerichtsadvocat Herrn Steiner überreichte Geschichte der vormaligen Abtei Seligenstadt habe Ich empfangen und bezeige dafür Meinen erkenntlichen Dank. Des Verfassers fleißige Bemühungen und Kenntnisse gehen daraus deutlich hervor und wird daher diesem Werke der verdiente Beifall nicht ermangeln.

Cassel, den 3. November 1810.   Wilhelm K.

---

*) Bei der späterhin bestimmten Abtheilung der Ritterklasse in 2 Klassen wurden alle vorher verliehenen Ritterkreuze der 1. Klasse zugetheilt.

20) Von Seiten Sr. K. H. Friedrich Wilhelm, Kurfürsten von Hessen.

Wohlgeborner Herr Hofrath Dr. Steiner. Die Mir übersendeten Exemplare der von Ihnen herausgegebenen Geschichte Ludewigs I., Großherzog von Hessen K. H., habe Ich erhalten. Ich bezeige Ihnen Meinen aufrichtigen Dank für die Mir durch Mittheilung dieses Werks bewiesene Aufmerksamkeit und versichere zugleich, daß Ich mit Werthschätzung verbleibe Ihr wohlgeneigter

Friedrich Wilhelm.

Cassel, den 6. Februar 1850.

21) Von Seiten Sr. K. H. des Großherzogs Leopold von Baden.

(S. Seite 19 Note.)

22) Von Seiten Sr. K. H. des Großherzogs von Sachsen-Weimar Carl Friedrich.

Werthgeschätzter Herr Hofrath. Durch die Zusendung des von Ihnen herausgegebenen Werkes Ludewig I., Großherzog von Hessen, nach seinem Leben und Wirken, haben Sie Mir ein besonderes Vergnügen gemacht. Indem Ich Ihnen für die Mir hierdurch bewiesene Aufmerksamkeit recht sehr danke, versichere Ich Sie zugleich Meiner vollkommenen Werthschätzung.

Weimar, den 20. September 1842.

Carl Friedrich.

23) Von Seiten Sr. K. H. des Großherzogs von Oldenburg durch das Großh. Cabinetssecretariat.

Ew. Hochwohlgeboren habe ich ergebenst zu benachrichtigen, daß Se. K. Hoheit der Großherzog das von Ihnen übersandte die ältesten Urkunden der Länder an der Donau und am Rhein enthaltende Werk mit Interesse entgegengenommen haben. Indem ich den Subscriptionspreis für 3 Exemplare hier beifüge, verbleibe ich mit vollkommenster Hochachtung und ergebenst

v. Grün,

Ministerial-Secretar.

Oldenburg, den 20. Mai 1831.

24) Von Seiten Sr. K. H. des Großherzogs von Mecklen=
burg=Schwerin Friedrich Franz.

Das von Ihnen verfaßte Werk Ludewig I., Großherzog von
Hessen, habe ich mit Vergnügen entgegengenommen und sage
Ihnen Meinen aufrichtigen Dank für die freundliche Mittheilung
dieses interessanten Buches.
Doberan, den 19. August 1842.
Friedrich Franz.

25) Von Seiten Sr. K. H. des Großherzogs von Mecklen=
burg=Strelitz Georg Friedrich.
a. Wohlgeborner, hochgeehrtester Herr Hofrath. Das von
Ihnen verfaßte, Mir von Ihnen übersandte interessante
Werk „Ludewig I., Großherzog von Hessen ⲥ.", habe Ich
erhalten und sage Ihnen für die Mir hierdurch erwiesene
Aufmerksamkeit den verbindlichsten Dank und verbleibe mit
vieler Werthschätzung
Ihr wohlgeneigter
Georg Friedrich.
Neustrelitz, den 20. August 1842.

b. Wohlgeborner Herr Hofrath! Auch für den Mir über=
sendeten zweiten Theil der von Ihnen verfaßten Geschichte
Ludewigs I. und Ludwigs II., Großherzoge von Hessen ⲥ.,
sage Ich Ihnen den verbindlichsten Dank und verharre mit
vieler Werthschätzung
Ew. Wohlgeboren wohlgeneigter
Georg Friedrich.
Neustrelitz, den 31. December 1849.

26) Von Seiten Seiner Hoheit des Herzogs von Sachsen=
Coburg.

Das von Ihnen Mir übersendete interessante Werk Lude=
wig I., Großherzog von Hessen und bei Rhein, habe Ich erhalten
und sage Ihnen für die dadurch Mir bewiesene Aufmerksamkeit
hiermit Meinen verbindlichsten Dank. Ich verbleibe
Ihr wohlgeneigter
Ernst, H. zu S.=C.=G.
Coburg, den 9. September 1842.

27) Von Seiten Sr. H. des Herzogs Leopold von Anhalt-Dessau.

Wohlgeborner, hochgeehrtester Herr Hofrath. Für das Mir gefälligst überschickte Werk „Ludewig I., Großherzog von Hessen," sage Ich Ihnen Meinen verbindlichsten Dank. Indem Ich Mir von der Lectüre dieser einen Verwandten betreffenden gewiß sehr interessanten Schrift vielen Genuß verspreche, bin Ich mit vorzüglicher Werthschätzung Ew. W. ergebener

Leopold.

28) Von Seiten Seiner Hoheit des Herzogs Adolph von Nassau.

(S. Seite 23 Note.)

29) Von Seiten J. K. H. der Großherzogin Mutter von Mecklenburg-Schwerin, Alexandrine.

(S. S. 22 Note.)

Note gehört zu N. 24.

Verzeichniß

I. der sämmtlichen historischen Werke des Verfassers, welche theils einzeln, theils collectiv 27 Octavbände zusammen umfassen.

1) Geschichte und Beschreibung der Stadt und Abtei Seligenstadt. 1820.
2) Geschichte des Freigerichts Alzenau. 1821.
3) Ueber das altdeutsche und altbayerische Gerichtswesen in Bezug auf Oeffentlichkeit und Mündlichkeit, eine von königl. Akademie b. W. zu München gekrönte Preisschrift. 1824.
4) Beschreibung der Schlacht von Dettingen. 1821.
5) Geschichte und Alterthümer des Bachgaues (Obernburg, Großostheim, Babenhausen, Dieburg, Umstadt), drei Theile 1827.
6) Georg I., Landgraf zu Hessen, eine hist. Skizze. 1827.
7) Das Maingebiet unter den Römern. 1835.
8) Geschichte und Alterthümer des Robgaues (Steinheim, Heusenstamm, Seligenstadt). 1838.
9) Caroline, Landgräfin von Hessen-Darmstadt, nach ihrem Leben und Wirken. 1836.
10) Ludwig I., Großherzog von Hessen und bei Rhein, nach seinem Leben und Wirken. 1842.
11) Supplement zu dem Werke ad 10. 1866.
12) Ludwig II., Großherzog von Hessen und bei Rhein, ein Nekrolog. 1849.
13) Ludwig II., Großherzog von Hessen und bei Rhein, nach seinem Leben und Wirken. 1849.
14) Geschichte des Patrimonialgerichts Londorf. 1842.
15) Gustav Adolph, König von Schweden, im Jahre 1634 zu Seligenstadt. 1848.
16) Sammlung und Erklärung altchristlicher Inschriften. 1859.

17) Das System der röm. Wehren. Programm zu des Verfassers 50jährigem Dienstjubiläum. 1858.
18) Castrum Selgum. 1858.
19) Codex inscript. romanar. Rheni, 2 Theile. 1837.
20) Codex inscprit. rom. Danubii et Rheni, 6 Theile, von 1851 bis 1864.
21) Die Verwandtschaften des Großherzoglich Hess. Hauses mit 23 regierenden Häusern. 1861.
22) Mathilde, Großherzogin von Hessen und bei Rhein, nach ihrem Leben und Wirken. 1862.
23) Supplement zu dem Werke ad 22. 1865.
24) Die Einweihungsfeier des Grabmals der Großherzogin Mathilde. 1865.
25) Zur Urgeschichte der Stadt Seligenstadt, Programm zur Lustrumfeier des Verfassers. 1863.
26) Die Verwandtschaft der Großherzogl. Häuser Hessen und Mecklenburg. 1864.
27) Die Sachsengräber bei Miltenberg und Kleinheubach. 1864.
28) Die Besuchsreise Seiner Königl. Hoh. Ludwigs III., Großherzog von Hessen und bei Rhein, im Jahr 1863. Der deutsche Stämmegeist. 1867.
29) Fünf historische Abhandlungen und die Biographie des Verfassers; Programm zu dessen 60jährigem Dienst- und Schriftstellerjubiläum 1868.

II. der historischen Abhandlungen in Zeitschriften.

1) Frankenstein — Starkenburg. 1808.
2) Ueber die Lehnschaft des Frhrn. v. Fechenbach'schen Dorfes Laubenbach am Main, in der Schrift des hist. Vereins für Unterfranken.
3) Die nassauischen Gauen in den Annalen des Vereins für nassauische Alterthumskunde.
4) Das Freigericht Alzenau und Umgegend, in Hilb's Blättern für Unterhaltung.
5) Antiquarische Forschungen und Anfragen in der großh. hess. Zeitung von 1834, 1835, 1844, 1846.

6) Die Reste der Oeffentlichkeit, Mündlichkeit im heutigen deutschen Civilprozesse, in v. Linde's Zeitschrift für Civilrecht und Prozeß.
7) Ueber das Zehntrecht, in Lippert's und Weiß's Archiv für Kirchenrecht.
8) Geographische Bestimmungen der röm. Civitates im Gebiete des Großh. Hessen, im Archiv für hess. Geschichte.
9) Die römischen Heerstraßen am linken Mainufer, daselbst.
10) Anmerkung zu Hofrath Wolfs Abhandlung über römische Hügel im Bingenheimer Walde, daselbst.
11) Römische Civitätsrechte in der Wetterau, daselbst.
12) Anmerkung zu Hofrath Wagner's Aufsatz über den römischen Wachtthurm bei Roßdorf, daselbst.
13) Zur Geschichte der Stadt Dieburg, daselbst.
14) Das Römerbad zu Seligenstadt, daselbst.
15) Zwei Recensionen über Dr. Lippert's Patronatrecht und dessen Archiv für Kirchenrecht, in der allgemeinen Kirchen-Zeitung und in der Jenaer allgem. Literaturzeitung.

II.

Das Grabdenkmal der Landgräfin Caroline von Hessen-Darmstadt im Schloßgarten daselbst.;

Dieses Denkmal hat nach Entstehung und Ausstattung, so wie insbesondere nach der auf dasselbe für dessen Erhaltung mit treuer Pietät Sr. K. Hoh. des Großherzogs Ludwigs III. von Hessen und bei Rhein im Jahre 1867 verwendeten Sorgfalt seine eigene interessante, des Andenkens unserer Nachkommen werthe Geschichte. *)

In dem Schloßgarten zu Darmstadt (vom Volke Herrngarten genannt) befand sich zur Zeit, da die Landgräfin Caroline Gemahlin des zu Pirmasens residirenden Landgrafen Ludwig IX, von Hessen-Darmstadt mit ihren Kindern von 1766 an bis zu ihrem Hinscheiden im Jahre 1774, Darmstadt zu ihrer ständigen Residenz gewählt hatte, ein damals neuangelegter, von Taxus- und Fichtenbäumen dicht umgebener, ziemlich geräumiger, blos von einer Seite durch einen Weg zugänglicher Rundplatz, „Rond d'hiver", d. i. Winterrund genannt, eine technische Benennung französischer Erfindung solcher auch im Winter grünenden Bosquet-Anlagen, die beßhalb den Zweck derselben: als Orte vorzugsweise für winterliche Spaziergänge zu dienen, an sich schon kennzeichnet. **)

---

*) Meine im Jahre 1841 erschienene Schrift: „Caroline, Landgräfin von Hessen-Darmstadt," enthält ebenfalls eine Geschichte und Beschreibung dieses Grabmals und liefert 2 urkundliche Abschriften aus dem Grh. Staatsarchive: 1) des Testaments der Landgräfin vom 28. Januar 1774, und 2) eines Schreibens des Königs Friedrich II. von Preußen vom 12. April 1775 an Oberst v. Riedesel, das Grab-Monument derselben betr. Vorliegende neue geschichtliche Bearbeitung erscheint als eine umgearbeitete und hauptsächlich vermehrte, namentlich bezüglich auf die bisher nicht verstandene Benennung der Grabstätte als: Rond d'hiver, sodann auf die im Jahre 1867 geschehene Translation der Leiche, wodurch neue Entdeckungen der inneren Beschaffenheit des Grabmals und der Leiche zu machen Gelegenheit gegeben war.

**) Man erinnere sich hierbei an viele andere technische, als Fremdwörter in die deutsche Sprache übergegangene Benennungen der

Diese Stätte tiefer Stille und Naturanmuth hatte sich die geistig hochbegabte fromme Landgräfin zum Lieblingsorte erwählt, und bei ihren winterlichen wie sommerlichen Besuchen desselben in einer nächst dabei befindlichen Eremitage gottgeweihte Betrachtungen genährt. Hier, wo sie so oft Trost, Ruhe und Erholung gefunden, in schöner Jahreszeit beim Gesange der Nachtigallen mit seelenvollem Blicke und gehobener Stimmung nach Oben, freudige Hoffnungen und Wünsche für die Ihrigen und ihre Mitmenschen im sanften Herzen getragen hatte, wollte sie auch nach ihrem Tode ruhen und verordnete daher in ihrem am 27. Januar 1774 selbstverfaßten und eigenhändig geschriebenen Testamente unter Anderm: „Je ne veux point être enterrée dans une Eglise, mais dans le Rond d'hyver de mon jardin; les Gardes du Corps porteront mon cercueil, point d'autre cortége". Dieser Bestimmung gemäß geschah nach ihrem am 30. März 1774 erfolgten Hinscheiden die Beisetzung ihrer Leiche den darauf folgenden 3. April, Abends 10 Uhr. Während dieser Zwischenzeit hatte man im oben beschriebenen Rond d'hiver eine Todengruft von Stein gebaut (wie sie unten näher beschrieben wird) und zwei Särge fertigen lassen, den einen von Tannenholz, inwendig mit Atlas beschlagen, zur Aufbewahrung der Leiche, den andern von Eichenholz mit eisernen Handhaben, in welchen

---

französischen Gartenkunst: Bosquet, Allée, Plat-forme, Esplanade, Parterre, Plateau, Terrasse, Parc, Orangerie, Rondéle, woraus hervorgeht, daß der englische Park und Bosquetstyl schon zu Lenotres Zeiten in Frankreich Eingang gefunden hatte und von da erst nach Deutschland kam; wohl auch dabei der rein französische Linien- oder Alléenstyl, wie er im Großh. Orangeriegarten zu Bessungen dargestellt ist, während gleichzeitig der i. J. 1667 angelegte Schloßgarten zu Darmstadt im Bosquetstyl gehalten erscheint. Daß Rond d'hiver eine technische Benennung in der Gartenkunst und kein von der Landgräfin willkürlich gebrauchter Ausdruck ihrer eigenen Beobachtung ist, ergibt sich aus dem Zusatz d'hiver, womit der Zweck direkt primär angedeutet ist, wenn gleichwohl, wie dies bei den winterlichen wie sommerlichen Besuchen dieser Stätte Seitens der Landgräfin, dieselbe nicht gerade auf die winterlichen beschränkt, dafür aber doch vorzugsweise geeignet war. Zur Seite der Benennung „Rond d'hiver" erinnern wir an den im Park der Mathildenhöhe zu Darmstadt befindlichen mit künstlich beschnittenen Kastanienbäumen umgebenen großen Rundplatz, das „Rondéle" genannt.

jener gestellt ward. Die Leiche wurde in ein weißes Atlasgewand gekleidet und der Leichenzug vom Schlosse aus durch die hintere Pforte nach der Gruft im Rond d'hiver auf folgende Weise angeordnet. Zur Beleuchtung des Weges dahin waren Pechpfannen und Laternen an Pfählen und Stangen aufgestellt. Den Sarg trugen 10 Mann Garde du Corps, denen 10 andere zum Abwechseln beigesellt waren, mit an Handhaben durchschlungenen Servietten, Laquaien mit Wachslichtern und silbernen Leuchtern gingen dem Sarge theils unmittelbar voran, theils nebenher. Dem Sarrge folgten in erster Zugordnung die höheren Beamten und Capaliere des Hofes, in zweiter die niedere Hofdienerschaft. Angekommen bei der von einem Commando Grenadiere umstellten Gruft, wurde der Sarg in dieselbe gestellt, worauf sie, nachdem die Leichenbegleitung diese Stätte still verlassen hatte, sogleich mit einem Gewölbe zugemauert und hügelartig mit Erde bedeckt ward. (Nach dem Protocoll des Hofsecretärs Müller vom 30. März 1774, s. Steiner's Caroline 2c. S. 18 f.)

Auf diesen von Epheu umrankten Hügel wurde im darauf folgenden Jahre 1775 eine schöne Marmorurne mit folgender Inschrift gestellt:

HIC IACET
HENR. CHRISTINA CARL. LOV. HASSIAE PRINC.
FEMINA SEXV INGENIO VIR,
N. VII. ID. MART. A. MDCCXXI. O. II.
KAL. APR. MDCCLXXIV
S. E. T. L.

am Fußgestell:
POSVIT REX FRIDERICVS II MAGNVS.

Es war, wie die von einem Dritten zugesetzte unterste Zeile sagt, Friedrich der Große, welcher dieses merkwürdige Denkmal der geehrten Fürstin und Freundin setzen ließ. Sein Schreiben an den Landgräflich Hess.-Darmst. Oberst Frhrn. v. Riedesel zu Darmstadt, worin er diesen ersucht, das ihm von Berlin aus übersendete Monument an Ort und Stelle besorgen und aufstellen zu lassen, lautet wie folgt:

Mr. le Colonel, Baron de Riedesel! Le sujet de la presente rapelle à Ma memoire un evenement bien triste,

C'est la perte, que nous avons faite, il y a quelques années, de Madame la Landgrave de Hesse-Darmstadt, cette Princesse accomplie, qui faisait l'ornement et l'admiration de notre siécle. Vous savéz, que J'ai toujours fait un cas infini de son merite, et que sa mort prèmaturée M'a bien vivement affecté. Mais vous n'ignorés pas non plus qu'à la premiére nouvelle de son decés J'ai d'abord pris la resolution, d'orner son monument d'une urne consacrée, à apprendre aux siécles futurs, Mes sentiments de veneration pour ses talents et vertus distinguées. Elle est achevée à l'heure qu'il est, cette urne. Je vous la ferai tenir, par le voiturier Charles d'ici, et, Je ne saurois la mieux addresser, qu'a vous, Mon cher Colonel! qui êtes parfaitement instruit, comment L'illustre defunte a desiré, qu'elle fut posée sur son monument Quelque triste que soit le devoir, auquel Je vous appelle, vous M'obligerés cependant en vous en acquittant d'une maniére conforme à ses intentions; et Je saisirai à Mon tour toutes les occasions, qui se presenteront, pour vous tenir compte des soins, que vous donnerés à cette commission. Sur ce Je prie Dieu, qu'Jl vous aie, Mr. le Colonel Baron de Riedesel! en sa sainte et digne garde

  Potsdam le 12. d'Avril 1775.
             Frederic.

Dieses in der Mitte des, wie ehemals zu den Zeiten der Landgräfin noch jetzt mit Fichten- und Taxusbäumen umpflanzten und sorgfältig unterhaltenen Rond d'hiver liegende Grabmal, um welches am Fuße seines weitausgehenden, mit Epheugewinden überzogenen Hügels ein zierlich gearbeitetes eisernes Geländer mit freiem Blick des Beschauers zur Urne, hinzieht, war vom Anfang seines Bestehens an und blieb bis daher als weithin bekannte Merkwürdigkeit des Gartens und der Stadt, eine von Fremden und Einheimischen vielbesuchte Stätte der Bewunderung für höhere moralische Betrachtungen, theure Erinnerungen und Kundgebung der Verehrung. Durch die schöne Weihe einer Handlung der Pietät ist sie es seit 1867, nachdem bis dahin 93 Jahre an ihr vorübergegangen waren, noch mehr geworden. Se. K. Hoheit der

Großherzog Ludwig III. von Hessen hatten nämlich in Erwägung, daß die Erhaltung der hölzernen Särge in einer Mauergruft ohne weitere Ueberdeckung als mit Erde in feuchter, dunkelbeschatteter Stelle während einer innerhalb des langen Zeitraums später vorgeschrittenen Reihe von Jahren nicht denkbar sei, und befahlen daher die Untersuchung der Gruft, deren Befund die gehegte Vermuthung nur zu sehr rechtfertigte, indem die dazu befohlene Behörde am 13. Februar 1867 (bei Eröffnung derselben an dem auf der östlichen Seite befindlichen zugemauerten Eingang) den äußern Sarg theilweise vermodert und den inneren bereits ebenfalls angegriffen fanden, deren beide Kopfenden auf dem Boden der Gruft lagen, wobei der Kopf der Leiche, bedeckt von einer mit Bandschleifen verzierten Haube, Kissen und Todtengewand sichtbar wurden, worauf der Eingang wieder zugemauert und Alles in vorigen Stand gebracht ward. Nach erstattetem alleruntertänigsten Fundberichte befahlen hierauf Se. K. Hoh. der Großherzog die Anfertigung eines neuen gußeisernen Sarges und die Translation der Leiche in denselben.

Dieser in der Maschinenfabrik und Eisengießerei zu Darmstadt gefertigte Sarg besteht aus zwei Haupttheilen, dem Ober- und dem Untertheil. An den Kanten desselben sind Rundstäbe als Verzierung angebracht, in der Mitte aber, wo Ober- und Untertheil aufeinanderpassen, befindet sich eine profilirte Leiste. An dem Untertheil sind sechs Füße und sechs vergoldete Handhaben angebracht. Das Innere des Sarges ist mit weißer, die Felder des Aeußern sind mit schwarzer Lackfarbe angestrichen, Leiste und Rundstäbe sind vergoldet. Auf dem Deckel befindet sich eine im Style des vorigen Jahrhunderts angefertigte broncene Gedenktafel mit folgender Inschrift in lat. Uncialbuchstaben, an deren Stelle wir hier die lateinische kleine Antiqua geben:

Caroline Christine Philippine Henriette
Tochter des Pfalzgrafen Christian III. von Zweibrücken
Birkenfeld,
geboren den 8. März 1721, vermählt den 12. August 1741
mit dem Landgrafen Ludwig IX von Hessen Darmstadt,
gestorben den 30. März
und begraben den 4. April 1774.

Auf Allerhöchsten Befehl Seiner Königlichen Hoheit des Grossherzogs Ludwig III. von Hessen und bei Rhein ist der vermoderte und zerfallene Sarg am 25. Mai 1867 durch diesen eisernen Sarg ersetzt worden.

An dem hier bezeichneten Tage (25. Mai, Morgens 8 Uhr), dem Sterbetage der Höchstseligen Großherzogin Mathilde, geschah sofort die Translation in Gegenwart des Großherzogl. Obersthofmarschalls Frhrn. von der Kapellen, des Geheimenraths Arnold, des Hof- und Militärbauraths Dr. Weyland, des Hofgarten-Inspectors Geiger und des Hofökonomie-Inspectors Jäger. Der Eingang in die Gruft war bereits früher bei der ersten Untersuchung des Zustandes der Särge durch eine in die östliche Steinmauer gebrochene Oeffnung gemacht und wurde, nach Beseitigung des provisorischen Verschlusses derselben, nun zum zweitenmal für den Eintritt in die Gruft gebraucht.

Nach hierauf geschehener Hinwegräumung der in eine Ecke der Gruft zusammengelegten oben beschriebenen Sargüberreste zeigte sich der in ein vergilbtes Atlasgewand in Form eines Sackes gekleidete Leichnam in einem noch nicht völlig verwesenen Zustande, indem die Gesichtsknochen noch theilweise mit Muskelfleisch überzogen waren und die Knochen des in dem sackartig geformten, vom Halse bis über die Füße reichenden Gewande befindlichen übrigen Theile des Körpers (auch die am Körper anliegenden Aerme ohne Aermel) einen auffallenden Zusammenhang verriethen. Das aus der Verhüllung freigebliebene auf einem noch sehr gut erhaltenen mit Roßhaaren gefüllten seidenen Kissen (welches noch viel Federkraft hatte) ruhende Haupt der Höchstseligen war mit einer sehr wohl erhaltenen weißen Spitzenhaube bedeckt, die eine ziemliche Fülle von Haaren einschloß, von welchen jedoch keine sichtbar waren. Ein 3 Zoll breites seidenes Band umschlang von der Stelle des Gewandes unter den Füßen aus, wo damit dasselbe abgebunden war, mehrmals den Körper bis zum Halse.

Die mit Sandsteinplatten belegte Grundfläche der 3′ tief unter dem zunächst befindlichen äußern Terrain liegenden Gruft ist innerlich 7′ 8″ breit, 12′ lang, 5′ 7″ hoch und mit einem 1′ starken elliptischen Tonnengewölb eüberdeckt, dessen Widerlagmauern

2′ 1″ stark, von dem Boden an 3′ 2″ hoch auf diese Höhe nach Innen mit Sandsteinplatten verkleidet sind. Der alte eichene Sarg mit seinem inneren tannenen stand auf 5″ hohen, 5″ breiten und 4′ langen Backsteinmäuerchen. Die Trümmer der beiden ersten wurden, wie gesagt, in eine Ecke der Gruft zusammengelegt, das Mäuerchen abgebrochen und der Platz für den neuen Sarg geräumt. Die Aufbewahrung der Leiche in demselben geschah mittels ihrer Einlegung auf eine muldenartig geformte Zinkplatte. Die Stellung des neuen Sarges blieb nach der Stellung des alten beibehalten — von Westen nach Osten mit dem nach Osten zugekehrten Gesicht — von der westlichen Kopfseite aus, wo außerhalb der Gruft auf einem besondern gemauerten Pfeiler die oben beschriebene Graburne ihre Stelle erhielt. Der über die Gruft aufgeworfene Hügel ist 6′ 9″ hoch und mißt im Umkreis 90′.

Nach beendigtem feierlichen Akte der Translation wurde die Gruft auf der vorher geöffneten östlichen Stirnseite mit Mauerwerk sorgsamst geschlossen und der frühere Zustand des Grabmals hergestellt.

Eine diesen Akt documentirende Schrift befindet sich in einer am Deckel des neuen Sarges aufgenieteten Kapsel aufbewahrt.

Die Nachtigall am Grabe der Landgräfin Caroline im Schloßgarten zu Darmstadt.

Nachtigall.
(Mit sich sprechend und allein.)
Ich wohne so gerne im stillen Hain,
In der Bäume dunklem Grün,
Es weht hier der Zephyr so sanft, so rein,
(etwas einhaltend und dann zu einem vorübergehenden Wandrer sich wendend):
Du lieber Wandrer wohin?

Wandrer:
Ich will an das Grab Carolinens geh'n,
Wohin der Pfad mich oft lenkt,
Will empfinden dort ihres Geistes Weh'n,
Den Blick in ihr Thun versenkt.

Nachtigall:
Hier ist ja mein Nestchen still verborgen,
    Gesichert am heil'gen Ort,
Spät des Abends und am frühen Morgen
    Singe ich mein Liedchen dort.

Wandrer:
Zu deuten deinen göttlichen Gesang
    An diesem heil'gen Ort,
Fühl' ich wohl den tief innersten Drang,
    Dem G'fühl fehlt jedoch das Wort.

Nachtigall:
Der Schöpfer verlieh' mir des Sanges Gab',
    Dazu auch die der Deutung,
Drum merke hier an dem fürstlichen Grab
    Dreifachen Sinnes Ableitung.

Die Klagetöne, so tief aus der Brust,
    Verkünden den herben Schmerz,
Zeigen auf Erden den großen Verlust
    Der Fürstin von edlem Herz.

Wend' ich meinen Blick nach Oben hin,
    Wo sie wohnt bei dem lieben Gott,
So verkündet mein Lied mit frommem Sinn,
    Triumph! es gibt keinen Tod.

Es lehret, daß ihr unsterblicher Geist
    Verklärt herab tröstend blickt,
Daß sie all' ihre Lieben glücklich preist,
    Von Erden zu ihr entrückt.

Meines Liedes dritte Bedeutung gilt
    Der Liebe zu Gattin und Kindern,
Wie schmelzend und lieblich, wie sanft und mild
    Will's Muttersorgen lindern.

Und will den Wandrer zu solch' gleicher Lieb'
    Begeistern und beleben,
Zeigt uns im Ursprung den göttlichen Trieb,
    Regt an jed' edles Streben.

Dr. Steiner 1864.

III.

König Friedrich Wilhelm III. von Preußen und seine Gemahlin die Königin Louise v. P. auf einer Promenade im Schloßgarten zu Darmstadt.
Eine Erinnerung aus dem Jahre 1799.

———

Beim Besuche dieses schönen Schloßgartens erneuert sich aus des Jubilars Jugendzeit oft die daran geknüpfte Erinnerung an ein interessantes Erlebniß desselben aus dem Jahre 1799. Diese, gleich den am nächtlichen Himmel leuchtenden Sternen, in der Seele St. aus langer, allmälig dunkler werdenden Vergangenheit neu und lebendig gebliebene Erinnerung betrifft ein durch häusliches Glück, edle Gesinnung, Charaktergröße*) und hohe Sittlichkeit berühmtes königliches Ehepaar — Friedrich Wilhelm III., König von Preußen und seine Gemahlin, die Königin Louise, dieses leuchtende Vorbild der Tugend und Grazie, einst die Zierde Darmstadts**), wo sie nach dem im Jahre 1782

---

*) Bewährt im Unglücke des Jahres 1807 und nachher 1813 durch Ermannung zu Sieg, Ruhm und Glück in der größten und herrlichsten aller neuen Zeiten Deutschlands, einer unvergeßlich schönen Zeit, merkwürdig durch die Einhelligkeit seiner Fürsten (Fr. Wilhelm III. und Franz II. als leuchtende Vorbilder der heiligen Allianz und Hauptmithülfter der deutschen Conföderation voran) und des zu Befreiung von fremder Gewalt opferbereitwilligen Volkes (1813 bis 1815, woran St. als junger Mann in der Landwehr Antheil nahm f Seite 3 dieses Programms und dessen „Sachsengräber" S. 1 f.), merkwürdig ferner durch die Stiftung der deutschen Conföderation, welche zeitgemäßer politischer Entwickelung fähig, Deutschlands Stämme im weitesten geographischen Kreise, wie nie kurz zuvor und nachher vereinte und aus dessen 50jährigem Friedensbestande gesegnete Cultur erwuchs.

**) J. G. Zimmermann (Gymnasialdirector) Gedichte Seite 51.
Berlin und Darmstadt 1793.
Berlin: Louise, welch' ein Weib! wie stolz ich auf Sie bin,
Auf diese hochgesinnte, deutsche Königin!
Darmstadt: Wiss' o Berlin, daß ich noch stolzer auf Sie bin,
Ich habe Sie erzogen, diese Königin!

erfolgten Tode ihrer Mutter, der Herzogin Friedericke von Mecklenburg-Strelitz, Tochter des Landgrafen Georg Wilhelm von Hessen-Darmstadt und seiner Gemahlin Albertine, seitdem von ihrem 6. Jahre an unter der weisen Leitung genannter ihrer berühmten Großmutter erzogen wurde und bis zu ihrer Vermählung 1793 unter deren Obsorge gelebt hatte. *)

Richten wir vorerst, des äußern Zusammenhangs damaliger Zeitbegebenheiten mit dem Gegenstande dieser Erzählung wegen, einen kurzen Blick auf das Feld der Politik.

Deutschlands Fürsten und berühmteste Feldherren hatten im Jahre 1799 eine Zusammenkunft nach Mannheim verabredet, um, weil die französische Republik damals Ueberfälle gegen Deutschland vorbereitet hatte, hiergegen über Schutzmaßregeln Berathung zu halten. Zu diesem Zwecke begab sich dorthin auch der König von Preußen, Friedrich Wilhelm III., welcher auf dieser Reise in den Tagen des 22. bis 30. Juni mit seiner Gemahlin im Wilhelmsbad bei Hanau von dem Landgrafen Wilhelm IX. von Hessen-Kassel gastlich empfangen ward, und wo beide hohe Gäste die Besuche vieler Fürsten, Grafen und Gesandten, 38 an der Zahl, namentlich unter ihnen den des Landgrafen Ludwigs X. von Hessen-Darmstadt und eines seiner Brüder erhalten hatten.

Eingeladen von Ludwig X. an den Hof nach Darmstadt verließ das königliche Paar am 30. Juni 1799 das Wilhelmsbad und wurde auf der Reise dorthin von einer starken Eskorte hessen-kassel'scher Jäger begleitet, weil nach einem dem Könige von Preußen zugekommenen anonymen Schreiben demselben mitgetheilt wurde, daß die damals von Mainz bis Höchst stehenden Franzosen die Absicht hätten, ihn zu überfallen und gefangen nach Mainz zu bringen. **) In Folge dieser Sicherheitsmaßregel kam der

---

*) Während welcher Zeit ihr trefflicher Vater, der Herzog Karl von Mecklenburg-Strelitz, von 1782 bis 1784 sich am Hofe seiner Schwieger-Eltern zu Darmstadt befand und später daselbst oft auf Besuch. s. Steiner Ludewig I., Großh. von Hessen S. 37 f. und Supplement Seite 11 f.

**) Röder, das Wilhelmsbad bei Hanau S. 87 f. Chronik der Begebenheit zu Seligenstadt. Frankfurt, von 1796 bis 1801. Manuscript im Besitze des Verfassers.

König mit seiner Gemahlin, welchen Ludwig X. nebst Gefolge bis nach Frankfurt entgegenreiste, an jenem Tage unangefochten zu Darmstadt an, wo sie an dem Hofe daselbst 4 bis 5 Tage lang verweilten.

An einem dieser Besuchstage (den 3. oder 4. Juli) hatte die fürstliche Gesellschaft nach aufgehobener Familientafel eine abendliche Promenade im Schloßgarten nach allen Theilen desselben, namentlich auch nach dem Rond d'hiver des Grabes der Landgräfin Caroline*) gemacht, wobei das während des Gartenverschlusses von vorher daselbst anwesend gewesene und darin belassene kleine Publikum ganz besonders beim Anblicke des stattlichen Königspaars mit bewundernder Freude in großer Bescheidenheit sich nicht zu viel herbeidrängte. Unter diesen befand sich Referent, damals 16 Jahre alt.

Als die fürstliche Gesellschaft bei dem Gartenhäuschen angekommen war, wurde auf dem freien Platze vor demselben Halt gemacht und einige Zeit beim Beschauen der Umgegend im Gespräche daselbst verweilt, wobei der damals 46jährige Oheim mütterlicher Seits des Königs, Landgraf Ludwig X. von Hessen-Darmstadt und seine liebenswürdige schöne 34jährige Gemahlin Louise sich mit dem 29jährigen König und seiner 23jährigen Gemahlin viel unterhielten, während Letztere zuweilen das Wort an einzelne ihr aus der Zeit ihrer früheren Anwesenheit in Darmstadt bekannt gewordenen in diesem schauenden Publikum befindlichen Frauen fragend wendete, deren Antworten gnädig und höchst freundlich aufgenommen wurden.

Bei dieser Scene war das Auge aller Anwesenden des schauenden Publikums vorzugsweise auf das jugendliche Königspaar gerichtet, dessen hohe Stattlichkeit, ausdrucksvolle Anmuth und Liebenswürdigkeit allseitige Bewunderung und Ehrfurcht erregte, bei Referenten in dem Grade, daß, obgleich nunmehr 68 Jahre über sein Haupt geflogen sind, die Erinnerung daran bei ihm stets neu und frisch geblieben ist, ohne Zweifel auch bei den ihm unbekannten Personen, welche von den an jenem Tage daselbst Anwesenden jetzt noch bei Leben sein sollten.

---

*) S. 76 dieses Programms.

Wäre doch damals ein genialer Künstler zugegen gewesen, welcher diese schöne Scene, das Ziel dieser kleinen Erzählung, mit Griffel und Pinsel verewigt hätte! — Nun wohl, es geschieht durch vorstehende zeugenschaftliche Worte der Bewunderung und Freude mit dem Griffel der Geschichte, womit ein kleiner Beitrag sowohl zur Charakteristik des hochverehrten berühmten Königspaares, als auch zur Geschichte jener Zeit seiner Reise nach Darmstadt und Mannheim gegeben wird.

IV.
Eisernhand,
achtzehn Oertlichkeiten dieser Benennung, ein Beitrag zur Lehre des Systems der römischen Wehren.

Der Respekt, die Furcht vor der militärischen Ueberlegenheit des römischen Reichs (von römischen Schriftstellern timor imperii genannt) fesselte viele der ihm zunächst wohnenden barbarischen Völker theils an ihre Sitze zu eigener Vermeidung jeden Angriffs auf diese von ihnen so gefürchtete Macht, theils brachte diese damit jene Barbarenvölker, welche auf sie einen Angriff gewagt hatten oder deren Besitzungen im Plane der römischen Eroberung lagen, unter ihre Adler mit auferlegter Wehr- und Tributspflicht, aber auch dabei zum indirekten Vortheil ihrer (der Besiegten) zunächst jedoch im Interesse der Eroberer liegenden Culturentwickelung.*)

Mit diesen Betrachtungen bereiste ich vor 33 Jahren das den Römern einst in Folge dieser Ueberlegenheit drei Jahrhunderte lang unterwürfig gewesene untere Maingebiet, um die Spuren ihrer darin liegenden zahlreichen Wehren, womit sie germanisches Gebiet erobert und in ihrem Interesse beschützend cultivirt hatten, aufzusuchen und zu beschreiben, wozu nunmehr eine neue wichtige Entdeckung von Oertlichkeiten kommt, die unter dem Namen „Eisernhand", oder „eiserne Hand" auf meine beßfalls im Jahre 1866 und 1867 öffentlich gestellten Anfragen und Aufforderungen unter bereitwilliger Mitwirkung fach- und ortskundiger Männer bekannt gemacht wurden und hier jetzt besprochen werden.

---
*) Eine indirekt productive Waffenmacht in jener Urzeit im Gegensatze zu unproductiven unter civilisirten Völkern der Neuzeit durch Vermehrung der Heere (Militarismus) und schwer drückende Steuerlast, wodurch der Arbeiterertrag für unproductive Zwecke verwendet, die Arbeitskraft productiven Zwecken entzogen und die Arbeitsmitwirkung gelähmt wird.

Nach dem System der römischen Wehren, wie es in meinen beiden Werken: 1) Das Maingebiet und der Spessart unter den Römern, Darmstadt 1834, 2) Das System der römischen Wehren in Anwendung auf die Oertlichkeit, wo jetzt Darmstadt liegt und das alte Neckargebiet, Seligenstadt 1858" ausführlich beschrieben wird, habe ich dieselben in Marsch=, Binnen= und Grenzwehren, und die Binnenwehren weiter in Fluß=, Höhen= und Straßenwehren eingetheilt, dieselben örtlich nachgewiesen und hiermit den Weg angezeigt, wonach bereits Andere nach mir und ich selbst späterhin mit Sicherheit weiter forschen konnte, namentlich jetzt bezüglich auf diese Oertlichkeiten „Eisernhand" bei welchen ich im Voraus als bemerkenswerth aufzuführen habe, daß die Anwohner derselben, bisher im Glauben, es bestehe sonst keins dergleichen mehr, sie für Unica halten, daran allerlei Sagen und schauerliche Begebenheiten knüpfen, welche auf Vorgänge uralter Zeit und eine Macht, der kein Widerstand zu leisten möglich wäre, weisen, sowie die Bedeutung der Worte „timor imperii" anschaulich machen.

Die Aufzählung der Oertlichkeiten, deren Beschreibung hier folgt, wird sofort die Bestimmung der Art, wozu sie gehörten, leicht finden lassen, und wenn wir hierbei finden werden, daß diese Benennung speciell bei einzeln stehenden Häusern, Feldfluren u. s. w. vorkommt, so sind diese Localitäten blos nach den in ihrer Nähe einst befindlich gewesenen Clausuren benannt worden, wie dieses aus dem nach Ländern abgetheilten Verzeichniß derselben ersichtlich ist.

Großherzogthum Hessen.

1) Försterhaus auf der zur Dieburg=Eberstädter Landstraße gehörigen Strecke des Oberumstädter Wegs von Darmstadt bis nach Oberumstadt „Eisernhand" genannt. In der Nähe Ueberreste von Gräben und Wällen, innerhalb welcher nach den darin gefundenen eisernen Ueberresten von Schlüsseln, Bändern ꝛc. zu schließen, Gebäulichkeiten standen, ein contubernium für Wachemannschaft als Clausur zum Schutze der nahe vorbeiziehenden Römerstraße. Corresp. Revierförster Hofmann, Autopsie des Verf.

2) In der Nähe nördlich von Hahn (Kr. Darmstadt) an der Chaussee befinden sich einige Aecker, die „Eisernhand" genannt. (Corresp. Landger.-Actuar Stockmann zu Gernsheim und Bürgermeister Rau zu Hahn.

3) Nächst dem an der Darmstadt-Heidelberger Straße liegenden Gasthaus zum Schützenhof zu Heppenheim befindet sich in der Richtung nach Worms eine kleine Feldgewann unter dem Namen „zur eisernen Hand" im Flurbuch eingetragen. Corresp. der Besitzer des Schützenhofs G. Meinberg.

4) In der Gemarkung Guntersblum (Rheinhessen) zunächst der Chaussee zwischen Oppenheim und Guntersblum liegt eine aus Weinbergen und Ackerfeld bestehende Gewann von 15 Morgen „eiserne Hand" genannt. Corresp. Bürgermeister Röff und Geometer I. Klasse Weinert.

5) In der Gemarkung Mölsheim (Rheinhessen) zunächst der jetzt zum Feldbau (bis auf einen schmalen Weg oder Fußpfad) verwandelten alten „Heerstraße" liegt auf einem Plateau mit weiter Aussicht eine Feldflur „zur eisernen Hand" genannt und dabei eine andere Flur, welche „die alte Schanze" heißt. Corresp. Bürgermeister Fries zu Mölsheim, Lehrer und Geometer Dörsam zu Kriegsheim, Lehrer Rasp zu Echzell, ein geborner Rheinhesse.

6) Im Büdinger Wald, Distrikt Schmittberg, ³/₄ Stunde von Büdingen auf einem von SW. nach NO. zwischen dieser Stadt und dem kurhessischen Orte Waldensberg befindlichen Höhenzug liegt ein Plateau mit freier Aussicht auf die Höhe des Vogelsberges unter der Bezeichnung „an der eisernen Hand." Bei dieser Stelle befindet sich ein alter zum Theil gepflasterter Weg, welcher aus der Tiefe des Seementhals nach dem Rücken des genannten Höhenzugs zieht, demselben in östlicher Richtung folgt, und da, wo er sich dem Plateau nähert, ebenfalls „eiserne Hand" genannt. Corresp. der Geh. Realschul-Director zu Alzey, vormals Gymnasial-Lehrer zu Büdingen, Dr. Becker, Actuariats-Aspirant Knoblauch zu Büdingen.

7) Auf der Höhe zwischen Ortenberg und Bergheim, Kreises Nidda, in der Gemarkung des letzteren Orts, an der Stelle,

wo die alte Straße auf diesem Höhenzuge über den Vogels=
berg führt, befindet sich eine alte Feldflur, die den Namen
„an der eisernen Hand", oder „die eiserne Hand" trägt.
Corresp. Pfarrer Flick zu Ober-Seemen.

8) Auf der Höhe zwischen Ulfa (Kreis Schotten) und Eichels=
dorf (Kreis Nidda) liegt eine Stelle, mit freier Aussicht und
einem darauf befindlichen Dreieckspunktstein, welche Stelle
„die eiserne Hand" genannt wird. Von dem Ulfa = Eichels=
dorfer auf oder bei dieser Höhe ziehenden Vicinalweg aus
geht der „Egelsweg" (nach der Aussage eines dem Corresp.
Auskunft ertheilenden localkundigen Mannes „Eselsweg"
genannt) an „der eisernen Hand" vorbei nach dem Ulfa=
Oberschmitter Vicinalweg, und in ganz gleicher Richtung von
einem zu dem andern beider genannten Wege „der Eisern=
handweg" gleich in der Nähe von dem Dreieckspunkte aus.
Neben diesem Wege und den zwischen den beiden andern
beschriebenen Wegen liegt das „Eisernhandfeld", welches nach
der Höhe zieht. Corresp. Pfarrer Baist zu Ulfa.

9) In der Gemarkung von Romrod (Kreis Alsfeld) auf einem
hohen nach 2 Seiten steil abfallenden Berg= und Höhenzug,
bei der Kreuzung der Romrod=Schellhäuser Straße über den
von Zell nach Felda ziehenden Weg, wird die Stelle dieser
Kreuzung „Eisernhand", oder „bei der eisernen Hand" ge=
nannt. Corresp. Herr H. Klein.

10) In der Gemarkung von Grünberg befindet sich eine Feldflur
nächst der alten Straße, welche in das Ohmthal führt, unter
der Benennung „die eiserne Hand", oder „auf der eisernen
Hand." Corresp. Herr C. G. Jöckel zu Grünberg.

11) Auf der Staatsstraße von Gießen nach Gladenbach zwischen
den Dörfern Wilsbach (Kreis Biedenkopf) und Frankenbach
(Kreis Gießen) (beide jetzt preußisch) steht ein Wirthshaus
„die eiserne Hand", oder „bei der eisernen Hand" genannt.
Corresp. Professor Dr. Klein zu Gießen.

12) In der Feldflur der Gemarkung Buchenau, bei Biedenkopf
(jetzt preußisch), welches Gelände den Namen „Kniebrecher"
führt, am Fuße des Felsbergs ist eine Stelle „die eiserne
Hand" genannt. Corresp. Herr H. Klein zu Romrod.

13) Im Walde bei Albach (Kreis Gießen) befindet sich ein Distrikt desselben unter dem Namen „eiserne Hand". Es ist vom Licher Wald begrenzt und trägt Buchen. Corresp. Dr. Klein zu Gießen.

Nassau.

14) Von Langenschwalbach nach Wiesbaden führt ein Weg im Walde nach einem Försterhause, welches „die Eisernhand" genannt wird. In der Nähe befinden sich Ueberreste von Wällen und Gräben unter dem Namen „die Verschanzungen" in der Karte des Herzogthums Nassau von Ekhard eingetragen.

15) Zwischen den bei Dillenburg liegenden Dörfern Oberscheld und Eisenroth befindet sich im Walde eine Stelle „zur eisernen Hand" genannt. Corresp. Pfarrer Hammann zu Hartenrod bei Gladenbach.

Stadt Frankfurt.

16) Eine nahe bei Frankfurt vor dem Friedberger Thore befindliche Häuserstraße wird die „eiserne Hand" genannt, sie zieht von der Eckenheimer Straße aus nach der Friedberger Hauptstraße der ehemaligen Römer- und späteren Geleitsstraße. Die Stelle, bei welcher diese eiserne Handstraße auf die Hauptstraße mündet, scheint diejenige zu sein, wo die Clausur gestanden hat. Corresp. Karl Steiner zu Frankfurt.

17) Die Schönau, eine also genannte Stelle an der Hauptstraße zwischen Gelnhausen und Höchst am Ende des Waldes, welche „die eiserne Hand" genannt wird. Autopsie des Verf. s. dessen Maingebiet unter den Römern S. 268.

18) An der alten Straße zwischen Wirthheim und Wächtersbach bei den „alten Schanzen" befindet sich eine Stelle „die eiserne Hand genannt. Autopsie des Verf. s. dessen Maingebiet S. 268.

Ueber die bis jetzt vom Verfasser mit Hülfe seiner Correspondenten aufgefundenen 18 Eisernhandörtlichkeiten, wovon 10 auf das Großh. Hessen und die andern 8 auf einige ihm zunächst gelegene Länder kommen, erscheinen in der Provinz Oberhessen folgende vier: a. im Walddistrikte Schmittberg bei Büdingen (Nr. 6), b. auf der Höhe Bergheim-Ortenberg (Nr. 7), c. auf der Höhe Ulfa=Eichelsdorf (Nr. 8), d. auf der Höhe bei der Kreuzung der Romrod = Schellenhäuser Straße über den Weg Felda=Zell (Nr. 9), aus dem Grunde besonders interessant, weil sie auf der „hohen Straße" des Vogelsberges der angegebenen Reihe nach in gegenseitigen Entfernungen von 2—3 Stunden liegen und demnach einstens als Clausuren zur Sicherheit dieser Straße gedient haben. Ebenso sind die Oertlichkeiten Nr. 1 u. 2 als auf der Straße von Dieburg über Eberstadt nach dem Rhein liegend constatirt. Nach dieser Beobachtung kann angenommen werden, daß die andern Eisernhandörtlichkeiten des Großherzogthums Hessen, wie sie bis jetzt an Straßen allein vorkommen, als: a. Feldgewann bei Heppenheim (Nr. 3), b. Feldgewann bei Guntersblum (Nr. 4), c. Feldgewann auf der Höhe bei Mölsheim (Nr. 5) auf gleiche Weise mit andern bis jetzt noch unbekannten derselben Straßen in Verbindung gestanden haben, welche Bemerkung auch den übrigen isolirt liegenden Eisernhandörtlichkeiten außerhalb des Großherzogthums gilt, als: a. Wirthshaus zwischen Wilsbach und Frankenbach (Nr. 11), b. am Fuße des Felsbergs bei Buchenau (Nr. 12), c. im Walde bei Albach (Nr. 13), d. am Försterhause auf der Chaussee von Langenschwalbach nach Wiesbaden (Nr. 14), e. im Felde zwischen Oberscheld und Eisenroth (Nr. 15) f. eine Häuserstraße bei Frankfurt (Nr. 16), g. zwischen Gelnhausen und Höchst die Schönau (Nr. 17), h. zwischen Wirthheim und Wächtersbach an den Schanzen (Nr. 18).

Daß die vogelsberger Straße und ihre 4 Eisernhandörtlichkeiten (Nr. 6, 7, 8 u. 9) mit der hohen Straße auf der Eselshöhe des benachbarten Spessarts in Verbindung gestanden hatte, ergibt sich einfach und leicht erkennbar aus der Lage der Eisernhand bei Büdingen mit jenen beiden an der Grenze des Spessarts (Nr. 17 und 18) in südlicher Richtung drei Stunden von der Büdinger Eisernhand entfernt befindlichen.

Bekanntlich folgten den römischen Straßen mit ihren Clausuren die mittelalterlichen Geleitsstraßen mit ihren Warten zu beinahe gleichem Zwecke der Sicherheit nach. Was dort die Clausuren (Eisernhandörtlichkeiten, eiserne Schläge) waren, das sind auf den Geleitsstraßen die sogenannten „Warten" geworden, Stellen nämlich, bei welchen für Unterbringung der Wachemannschaften Wachthäuser mit Schlagbäumen, Thürmen befindlich waren. Der technische Zusammenhang beiderlei Straßenperioden römischer und deutscher Zeit läßt daher von einer auf die andere rückwärts in die ältere und umgekehrt vorwärts in die neue Zeit objective Schlüsse und Vergleichungen zu, und es ist hierbei interessant, an die schauerlichen Sagen zu erinnern, nach welchen Fußgänger, Reiter, Fuhrleute mit leeren Wagen grade bei den Warten plötzlich mit geheimer Gewalt schwer belastet, am Gehen und Fortkommen gehindert werden, eine Sage, deren Entstehung auf die Zeit der Thatsache zurückreicht, als bei diesen Warten und Clausuren zur Sicherheit der Straßen Vorkehrungen und Einrichtungen stattgefunden haben, welchen sich die hier angekommenen Reisenden zu unterwerfen gezwungen wurden, und ehe sie weiter reisen durften, zu befolgen hatten. Diese Vorkehrungen müssen zur Zeit der Römerherrschaft einen hohen Grad von Wehrkraft gehabt haben, nach welchen das feindliche Vordringen sehr erschwert, in vielen Fällen unmöglich gemacht wurde, weil der vordringende Feind in ein von allen Seiten ihn fangendes Netz gerieth, vor welchem die Barbaren zurückschreckten, so lange die römische Kriegsdisciplin und Tapferkeit sie zu vertheidigen im Stande war und Timor imperii d. i. Respekt und Furcht vor der römischen Waffenüberlegenheit unter den Barbaren geherrscht hatte, deren Benennung römischer Straßen-Clausuren in ihrer Sprache „eiserne Hand" aus jener Zeit der Bewunderung dieser Wehren zu datiren scheint.

Durch die vorliegende neue Entdeckung der Eisernhandörtlichkeiten hat die Lehre des Systems der römischen Wehren bezüglich auf die Binnenwehren und deren Kettenverbindung einen erweiterten Gesichtskreis erhalten, wonach diese Oertlichkeiten als ehemalige Clausuren in die zweite Klasse der Kettenverbindung und die Kastelle in die erste zu rangiren sind. Während als Beispiel der ersten Klasse die Kastellkette links des Mains von Miltenberg herab bis zur Gustavsburg anzusehen ist (s. mein Maingebiet unter den Römern S. 135) erscheint als Beispiel der zweiten Klasse die Clausurenkette auf der Höhe des Vogelsbergs (s. oben). Da jedoch diese Verbindung je nur einerlei Gattung dieser zwei verschiedenen Fortificationsarten in Reihe und Glied nicht überall stattfinden konnte, so gab es gemischte, im gegenseitigen Verhältnisse der Repli und Reduitposten, wozu wir als Beispiel die Kettenreihe auf der Höhe des Odenwaldes (s. meine alleg. Schrift S. 100) und die andere auf der Dieburg-Eberstädter Straße anführen (s. oben). Gleichsam als Commandeure dieser Fortificationsgliederreihen befanden sich in deren Nähe Einzelthürme zum Signalisiren, so ein Thurm auf dem Roßberg für die Dieburg-Eberstätter Rheinlinie, so einer zu Großsteinheim für den untern Theil der Mainkastellkette.

In baulicher Hinsicht scheinen die Clausuren den Castellen als nahe beschaffen gestanden zu haben, wie aus einem Befehl des Kaisers Theodosius zu ersehen ist, worin ihre Bestimmung mit folgenden Worten angegeben wird:

Curae tui perpetui culminis credimus injungendum ut super omni limite sub tua jurisdictione constituto, quemadmodum se numerus militum habet, c a s t r o r u m e t c l a u s u r a r u m c u r a p r o c e d a t. L 1 cod. Theod. de off. magistr.

Dieser Befehl bezieht sich auf ein römisches, wahrscheinlich an der Donau gelegenes, Grenzland (limes). Dem Statthalter wird hierin „eingebunden" (veraltetes jedoch sehr bezeichnendes Wort des vormaligen Kanzleistyls, als beste Uebersetzung der Stelle „injungendum est") mit der Anlage und Soldatenbesatzung der Castelle und Clausuren voranzuschreiten, soweit hierzu disponible Kriegsmannschaften ausreichen.

---

*) Auf der Strecke der linksmainischen Römerstraße von Stockstadt nach Bürgel fand ich an drei Stellen römische Wegweisersteine, welche die Richtung dieser Straße bei in sie einmündenden Nebenstraßen (vias diversoriae) anzeigen und zwar bei einem in der Form eines gekrümmten Palens P, und bei den zwei andern in der Form eines Kreuzes †, deren Kerme nach der Länge der Straße gerichtet waren. Der Palenstein befand sich bei der Einmündung des Kleinwelzheimer Wegs und die andern zwei bei Großsteinheim stehen, 1) an dem Garten des Lehrers Simrock und 2) bei der Kapelle.

V.
Die Principes und die Centeni Comites in den altdeutschen Gerichten nach Tacitus Germ. c. XII.

Zur Ergänzung und näheren Betrachtung Dessen, was ich in meiner im Jahre 1824 erschienenen akademischen Preisschrift: „Das altdeutsche und altbayerische Gerichtswesen in Bezug auf Oeffentlichkeit, Mündlichkeit des Verfahrens" Seite 10. f. seiner ältesten Beschaffenheit nach gesagt habe*), dient eine daselbst noch nicht benutzte Stelle bei Tacitus Germ. c. XII., worin nach Verfassung und Verfahren das Wesentliche derselben wie folgt dargestellt wird: „Eliguntur in iisdem conciliis et principes, qui jura per pagos vicosque reddunt. Centeni singulis explebe comites, consilium simul et auctoritas, adsunt." In dieser merkwürdigen Stelle befinden sich deutliche Grundzüge folgender Elemente des altdeutschen Gerichtswesens: 1) volle Autonomie des eigentlichen Volkes der zwei Stände: Edle (principes) und Freie (liberi, plebs); 2) Volksbeamten und Collegialität, Vorsteher (principes) und Beisitzer (Urtheilsfinder) centeni comites; 3) Allgemeine Gerichte (Gaugerichte) und Particular-Gerichte (Bezirks- und Dorfgerichte); 4) Wandern der Gerichte; 5) Urtheilsfindung (Berathung und Schlußfassung) der Beisitzer; 6) Urtheilsverkündigung des Vorstehers.

Zu 2, 3, 4 vereint. Nachstehendes: Aus der Stelle „qui jura per pagos vicosque reddunt" und dem Namen der Gerichts-

---

*) Zu dieser in meinem 38. Lebensjahre verfaßten von der k. Akademie der Wissensch. zu München gekrönten Preisschrift (s. oben S. 13) gebe ich nunmehr mit dem gerührtesten Danke zu Gott für die mir bis daher gnädig erhaltene geistige Arbeitskraft, in meinem 83. Lebensjahre nachfolgenden Beitrag, indem ich auf die Zahl 3 vor und nach der Zahl 8 gestellt, hinsichtlich dieser genannten zwei von einander sehr verschiedenen Lebensaltersjahre (zwischen welchen ein Zeitraum von 45 Jahren liegt) als eine interessante und erheiternde Zufälligkeit aufmerksam machen dürfte.

beisitzer (Urtheilsfinder) also lautend: „centeni comites" geht die Eintheilung der Gerichte in allgemeine (Gaugerichte) und particulare (Bezirksdorfgerichte) unter Zuhülfenahme des Erscheinens der Wandergerichte im späteren Mittelalter deutlich hervor. Centeni ist ein Zahladjectiv und die lat. Uebersetzung des deutschen Wortes „Hundert", wonach also die Eigenschaft der comites in der Bedeutung Hundertbeisitzer auf dieselbe Art ausgedrückt ist, wie in centeni equites (bei Tacitus Germ. e. VII) als Hundertreiter erscheinen. Hundert dieser comites befanden sich zerstreut in jedem Gau wohnhaft, welch letztere deßhalb selbst Hunderte genannt wurden.*) Was ihre dienstliche Verwendung betrifft, so kann sie nur aus der Art und Weise, wie im Mittelalter die Wandergerichte abgehalten wurden, erklärt werden. Diese mittelalterlichen Wandergerichte, wozu sich bezirksweise nach Dingstätten, (in Bayern nach Schrannen) 10 oder 12 Schöffen zu versammeln hatten, wurden auf den Rundreisen der Gerichtsvorsteher (Grafen, Centgrafen) abgehalten. Hierin liegt der Begriff ihrer Eigenschaft als particulare Gerichte und der Beweis, daß auf dieselbe Art zur Zeit des Tacitus Gerichte bestanden haben, wozu 10 Comites berufen wurden, wenn der Gaurichter auf seiner Rundreise „per vicos" Gerichtssitzung abhalten wollte und wonach sich die Verwendung der 100 Comites je 10 für je 10 particulare Dingstätten (Bezirksmallstätten) herausstellt. Nach dieser Darstellung kennen wir die dienstliche Stellung der zu einer collegialischen Gerichtsverfassung gehörigen zweierlei Volksbeamten (Vorsteher und Urtheilsfinder). Es erübrigt aus dem Inhalte obiger Stelle 1) ihren Stand

---

*) Die Angelsachsen in Britannien theilten ihre Gauen in „Hundreds" ein, welche noch jetzt bestehen. Aus einer bis jetzt noch nicht edirt gewesenen Urkunde von 1112, die wir in der Anlage auszugsweise mittheilen, kommt ein „pagus Cuniugessundra" vor. Derselbe lag am Taunus in der Gegend von Königstein, Soden, Höchst, Weilbach, Hochheim. In obiger Form erkennt man leicht den Namen Königsbunderte, als Beweis eines deutschen Beispiels des einen Gerichtsbezirk von 100 Comites anzeigenden Namens „Hundert" (Hunderds). Daraus geht die Uebersetzung centeni comites hervor. Nach den legg. Alemann. c. 36 wird diese Benennung für die Gerichtsbezirke selbst gebraucht: „Conventus secundum consuetudinem antiquam fiut in omni centena coram comite aut suo Misso" Centena hier als Zahlsubstantiv „die Hunderte."

im Volke und 2) ihre Funktionen in den Gerichten kennen zu lernen.

Zu 1. Oben wurde bereits angeführt, daß das eigentliche Volk nach zwei Ständen repräsentirt war, den Edlen (principes) und den Freien (liberi, plebs). Außer diesen gab es noch zwei andere Stände des Volkes im weiten Sinne, oder der Bewohner überhaupt: nämlich der Sclaven (Leibeigenen) und der Freigelassenen, welche beide zum Zwecke der Beurtheilung des Standes der richterlichen Personen, als ohne allen Einfluß dabei, davon auszuscheiden sind. Nur aus den 2 genannten Ständen des eigentlichen Volkes konnten die richterlichen Personen hervorgehen. Wir wollen sie deßhalb näher betrachten.

Die Edlen (principes), von den deutschen Bewohnern Fürsten genannt*) waren Diejenigen, welche sich durch ruhmvolle Thaten zu hoher Achtung des Volkes erhoben hatten und nach und nach einen Stand mit bestimmten Vorrechten und Ansprüchen bildeten, der durch das Ansehen und die Macht der Familie, in welchen sich berühmte Ahnen befanden, erblich wurde. Aus diesem Stande wurden Könige, Herzöge und Gaurichter gewählt. Man sieht, in welch großem Ansehen letztere gestanden haben, deren Amtstitel jedoch hier nicht ermittelt werden kann, weil das von Tacitus gebrauchte Wort principes nur den Stand des Vorsitzenden anzudeuten scheint. In späteren Zeiten, als die principes durch den Besitz von Land und Leuten Gerichtsherrn geworden sind; unter ihnen der höhere Adel emporkam und längst nicht mehr Männer aus ihrer Mitte die Stühle der Gerichtsvorsteher besetzt hielten, erscheinen die in ihren Diensten stehenden Gerichtsvorsteher unter dem Namen Centgrafen, aus dem Stande der Freien, unter welchen sich der nachgehends so zahlreiche niedere Adel erhoben hatte; das Nähere hierüber in meiner oben alleg. Schrift. Wir bleiben in der Zeit stehen, worin Tacitus schrieb und betrachten den 2. Stand des eigentlichen Volkes: den der Freien, welcher dem Stande der Edlen sehr nahe kam, vollkommene Freiheit genoß und unumschränkte Macht besaß, über ihr Eigenthum zu verfügen und ihre Wohnung zu verändern. In den Volksversammlungen hatten sie das Recht, sich an der Wahl

---

*) Fürst ist der Superlativ von „für" und bedeutet den Vordersten, den Ersten, engl. the first.

der Könige, Herzoge, Gaurichter aus dem Stande der Edeln (principes) zu betheiligen, sowie (natürlich) aus ihrem eigenen Stande (ex plebe wie die alleg. Stelle sagt) an der Wahl der Gerichtsbeisitzer (centeni comites) und der centeni equites (Hundertreiter), aus welch' letzteren der Ritterstand erwachsen ist.

Zu 2. Die Funktionen dieser zweierlei Volksgerichtsbeamten hat Tacitus bezüglich auf die Gerichtsbeisitzer (centeni comites) mit den Worten: „consilium simul et auctoritas" und auf die des Vorstehers mit der Stelle: „jura reddunt" kurz, rund und deutlich (lat. mit succincte besser bezeichnet) meisterhaft beschrieben. Es werden damit die jedem Rechtshistoriker insbesondere bekannten zwei gerichtlichen Hauptfunktionen a. der Rechtsfindung durch die Beisitzer und b. der Rechts- (Urtheils-) Verkündigung durch den Vorsteher, wie sie bis zum Verschwinden der Oeffentlichkeit, Mündlichkeit lange Jahrhunderte hindurch in den deutschen Gerichten bestanden haben,*) ausgedrückt, wobei es als eine Merkwürdigkeit anzusehen ist, wie dieselben in der feinsten Gestaltung in den deutschen Gerichten schon zur Zeit des Tacitus bestanden hat, und zwar bei der Urtheilsfindung a. durch die Berathung der Beisitzer (consilium) über die ihnen vorgelegte Rechtsfrage und darauf b. den von ihnen hierüber gefaßten Beschluß (auctoritas), welche beiderlei Handlungen zusammen im Mittelalter als Urtheilsfindung technisch bezeichnet worden. **) Die hierauf folgende Urtheilsverkündigung Seitens des Vorstehers wird durch „jura reddunt" als eine Handlung des Wiedergebens irgend einer Sache an einen Andern fast analog mit rationem reddere, beneficium reddere, animam reddere, und im vorliegenden Falle als das Wiedergeben (Verkünden) des ihm von den

---

*) In bayer. Urkunden durch die Worte: Frag, Folg, Urtheil oder Frag, Folg und Recht ausgedrückt. (S. m. oben allg. Schrift S. 135).

**) In den Gerichten wurden, wenn in gewissen Fällen keine Gesetze vorlagen, diese alsbald autonomisch gegeben (gefunden). Darauf bezieht sich der technische Ausdruck „Rechtsfindung" im Gegensatze zum andern, wenn für vorliegende Fälle blos von der Anwendung bereits vorhandener Gesetze die Rede war „Urtheilsfindung." Für beide wesentlich verschiedene Handlungen der centeni comites hat das Wort „auctoritas" gleiche Bedeutung.

Beisitzern ihres zu diesem Zwecke mitgetheilten Beschlusses*) an Andere b. i. an die streitenden Theile und die als Rathgeber und Controle anwesenden Rechtsgenossenschaftsmitglieder**) (Gerichtsumstand in Bayern genannt) bezeichnet.

Schließlich über die Volksgerichte in politischer und culturgeschichtlicher Beziehung folgende Betrachtung: 1) Sie schufen unter den zu ihnen gehörigen 2 Ständen der Edlen und der Freien eine durch gegenseitige Achtung im Gefühle der Freiheit ***) erzeugte natürliche Verbrüderung unter sich und eine treue Anhänglichkeit an ihre Führer und Vorsteher, wodurch im Vereine mit den Märkerschaften als Genossenschaften zur Erhaltung eines gemeinschaftlichen Besitzes von Grund und Boden beide die gemeinschaftliche Quelle der Entstehung und Entwickelung des deutschen Stämmegeistes geworden sind, (s. meine Schrift: Die Besuchsreise S. K. Hoh. Ludwigs III., Großherzogs von Hessen i. J. 1863 und über den Deutschen Stämmegeist, Darmstadt 1867, S. 1 f. f.) 2) Solch' ein nach obiger Zergliederung fein geregeltes Gerichtsverfahren, solch' eine im Princip der Autonomie genau und consequent durchgeführte Gerichtsverfassung documentiren einen hohen verständigen Geist im deutschen Volke und sind eine Leuchte auf das bisher wenig bekannte Feld vorangeschrittener culturgeschichtlicher Zustände desselben schon im ersten Jahrhundert n. Chr., namentlich wie wir, als zu dieser Zeit die Germanen aus dem wandernden Hirtenleben bereits in Seßhaftigkeit übergegangen waren, annehmen können: im Gemeindeleben, im Häuserund Hofraithebau, in der Feld- und Landwirthschaft, in den

---

*) Nicht so genau bezeichnete Caesar B. G. cap. VI. 23 dieses Urtheilsverkünden durch folgende Stelle: principes regionum et pagorum inter suos jus dicunt, damit weiß man nicht, ob aus eigener Macht und Kenntniß, oder aus Mittheilung Anderer an ihn.

**) Die Schöffen durften bei ihren Berathungen mit den anwesenden Rechtsgenossen Rücksprache halten und ihre Ansichten hören. (S. meine oben allg. Schrift S. 141.)

***) Die Freigelassenen waren den von der Geburt aus Freien nicht gleich in den Rechten der öffentlichen Freiheit des Staats. Diesen Begriff von der Wichtigkeit der öffentlichen Freiheit drückt Tacitus cap. XXV u f. f. mit folgenden Worten aus: „Apud ceteros impares libertini libertatis argumentum est.

Gewerben, in der Gesetzgebung durch die Weisthümer, diesen Quellen der nachfolgenden salischen, fränkischen, bojarischen, allemannischen, sächsischen 2c. Gesetzsammlungen.

Indem wir in der Ueberzeugung, daß ein gleicherweise verständiger Geist, wie er uns durch das Gerichtsverfahren bekannt geworden ist, in allen andern Angelegenheiten des öffentlichen und Privatlebens der Deutschen müsse bestanden haben, vor ein großes Feld historischer Forschungen treten, entsteht die Frage, wie und auf welche Weise zeigte sich dieser verständige Sinn in der Anwendung, wo finden wir die Spuren ihrer Existenz in oben bemerkten und andern daraus hervorgehenden culturgeschichtlichen Angelegenheiten? eine Frage, deren Beantwortung bei den darauf gerichteten Studien im Interesse der heutigen Zeit liegt, worin das deutsche Volk nach seiner hohen Bildung, seiner Treue, Redlichkeit, Tapferkeit und Biederkeit, nach seiner festen (durch manche rührende Beispiele der Gegenwart bewährte) Anhänglichkeit zu den ihm angestammten Regentenhäusern, nach einer wohlverdienten und seiner würdigen gesetzlichen Freiheit, nach zeitgemäßer Autonomie, nach föderativer Vereinigung aller Stämme deutscher Zunge und der von ihnen (von Unten) ausgehenden Einheit des deutschen Volkes unter einer treu und redlich verwaltenden Bundescentralgewalt strebt und an dem Muster altdeutscher Redlichkeit, Treue, Tapferkeit und Anhänglichkeit zu den Stammfürsten sich stärken, geistig beleben und in Charaktergröße den Altvordern ebenbürtig sein will.

Anlage zu V.

Erzbischof Adalbert von Mainz bestätigt eine Güterschenkung zu Weilbach an das Kloster St. Jacob zu Mainz a. 1112.

Auszug.

Adalbertus dei clementia Archiepiscopus ..., Innotescat ... qualiter quedam vidua nom. Cunila ob salutem anime suo .. tradidit .. totum suum allodium in villa Wilibach in pago **Cunengessundra** in comitatu Rudolfi comitis situm ad monasterium sti Jacobi extra Moguntie murum .... a sunt a. dom. incarn. milesimo CXII ind. V.

Eine Abschrift dieser Urkunde befindet sich in des Verf. Besitz.

VI.
Zur Geschichte des Großherzoglichen Residenz-schlosses zu Darmstadt.

Aus der mit großem Fleiße und tief eingehenden Kenntnissen verfaßten interessanten Geschichte und Beschreibung des Großhzgl. Residenzschlosses zu Darmstadt von Großh. Hof= und Militärbauratl Dr. Weyland (s. Archiv für hess. Gesch. XI. 3. VIII. S. 447 f.) geht hervor, daß derjenige Theil des alten Schlosses, welcher im Jahre 1330 urkundlich vorkommt, unter dem Namen „Conditoreibau" noch jetzt existirt und eben so noch ein anderer an den vorhergehenden stoßender Theil, genannt „der weiße Saalbau", dessen Bauzeit in die Periode von 1360—1375 fällt.

Die andern vorhandenen Bauten gehören späteren successiv einander nachfolgenden Zeiten an.

Gegenwärtige Besprechung betrifft blos diese zwei alten Bauten des 14. Jahrhunderts, welche im innern Hofraum des Schlosses nach ihrer Zusammenstellung einen stumpfen Winkel bei a bilden,

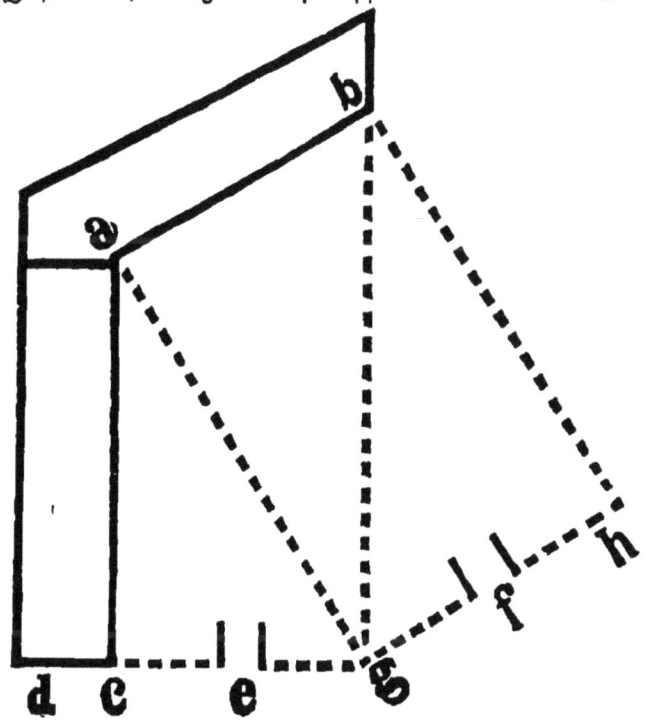

woburch die Fronte des Conditoreibaues a b nach der Bach- und Ochsengasse zugekehrt erscheint, während Giebel und Länge des Saalbaues a c d ihre Richtung nach dem Markte hin erhalten haben.

Worin liegt der nöthigende Grund für diese Stellung des Saalbaues, bei der im Jahre 1360—1375 vorgenommenen Ausführung und Umgestaltung des Schlosses, wodurch der innere Hofraum zu einem bauregelwidrigen Trapez gestaltet werden mußte? Die Antwort liegt nahe: in der während des 14. Jahrhunderts veränderten topographischen Gestaltung Darmstadts, seitdem dieser Ort i. J. 1331 Stadtrechte erhalten hatte und durch Vergrößerung desselben mittels Hinzufügung des sogenannten „Planplatzes" (nachherigen Marktplatzes) um welchen neuen Stadttheil eine Mauer zog, die Pforte des Neuschlosses von 1360—1375 dorthin, wo sich jetzt der innere städtische Verkehr belebte, Häuser gebaut wurden, bei c gerichtet werden mußte, um hiernach dem Neuschlosse durch seine freie Lage vor diesem Platze stattliches Aussehen und bequemen Aus- und Eingang geben zu können, während aus ganz gleichem Grunde es geboten erschien, dem alten bis auf obengenannten Baurest a b beseitigten Schlosse seine einzige Pforte nach den zwei frequentesten Gassen des Dorfes Darmstadt, nämlich der Bach- und Ochsengasse bei f zu geben, als Darmstadt jene Erweiterung noch nicht erhalten hatte und nach diesen beiden Gassen hin die geeignetste Stelle für Aus- und Eingang des Schlosses in der Gegend des Löwenbrunnens befindlich war.

In meiner Geschichte des Landgrafen Georg I., S. 133 habe ich unter der Annahme, daß der weiße Saalbau dem 16. Jahrhundert der Regierungszeit Georg I. angehöre, den Neubau des Schlosses von 1360—1375 mit dem Rest des Schlosses von 1331 in Zusammenhang gebracht und darnach dessen Situation nach der Bachgasse hin a b g h mit der Pforte bei f bestimmt. Seitdem jedoch durch Dr. Wehlands technische Untersuchung dieser weiße Sgalbau Ueberrest des Neuschlosses von 1360—1375 ist, fällt diese nur für das ältere Schloß von 1330 anwendbare Situation hinweg und muß nach den Grundlinien f a b c g mit der Pforte bei e gerichtet werden.